EL ARTE DE ESTRESARTE

CONTROLA EL ESTRÉS Y TU PRODUCTIVIDAD CON HÁBITOS SANOS PARA MANTENERTE EN EQUILIBRIO SIN DEBILITAR TU SISTEMA INMUNE

Stress Reduction in Spanish

Guía Para Principiantes

Ben Guther

Visión

Mi visión es proporcionar a un millón de *Millennials* las herramientas necesarias para potencializar sus talentos y capacidades y conquistar un mundo que está destinado a ser nuestro.

Índice

Introducción _______________________________________7

Capítulo 1. Conceptos Básicos ____________________9

   1.1. Abrazando el Miedo_____________________9

   1.2. La Amígdala, nuestra *Centinela Emocional*____11

   1.3. Todos sentimos Miedo ________________12

   1.4. El miedo según la edad _______________14

   1.5. Sobreexposición _____________________15

   1.6. ¿El estrés es malo? __________________15

   1.7. ¿Cómo se produce el estrés en nuestro
   organismo? ____________________________18

   1.8. Fases del estrés______________________22

   1.9. Tipos de respuesta de nuestro organismo ante el
   estrés _________________________________25

   1.10. ¿Existen diferencias de género en las
   manifestaciones del estrés? _______________26

   1.11. Entendiendo la Ansiedad ____________31

   1.12. Entendiendo el Ataque de Pánico_______38

   1.13. Diferencia entre Miedo y Ansiedad______42

   1.14. Diferencia entre Estrés y Ansiedad______43

   1.15. Impacto del Estrés sobre la Salud______45

   1.16. Conclusión _______________________46

   1.17. Actividad _________________________47

Capítulo 2. Sistema Inmune ______________________49

   2.1. Definición de Sistema Inmune _________53

   2.2. Tipos de Inmunidad _________________54

2.3. Conclusión _______________________________58

Capítulo 3. Administrar el tiempo _______________61

3.1. ¿Eres proactivo o reactivo? _______________61

3.2. Procrastinar _____________________________64

3.3. Frustración _____________________________67

3.4. Lo Urgente te distrae de lo verdaderamente
      Importante ____________________________69

3.5. ¿Cuándo decir NO? ______________________76

3.6. El Descanso ____________________________79

3.7. Administrar la Emociones _________________80

Capítulo 4. ¿Cómo controlar el estrés?__________85

4.1. Definición de Afrontamiento y Resiliencia _____86

4.2. Hábitos saludables para el manejo del estrés __89

4.3. Hemisferios Cerebrales Derecho e Izquierdo __98

4.4. Técnicas para controlar el estrés____________100

Bibliografía ________________________________121

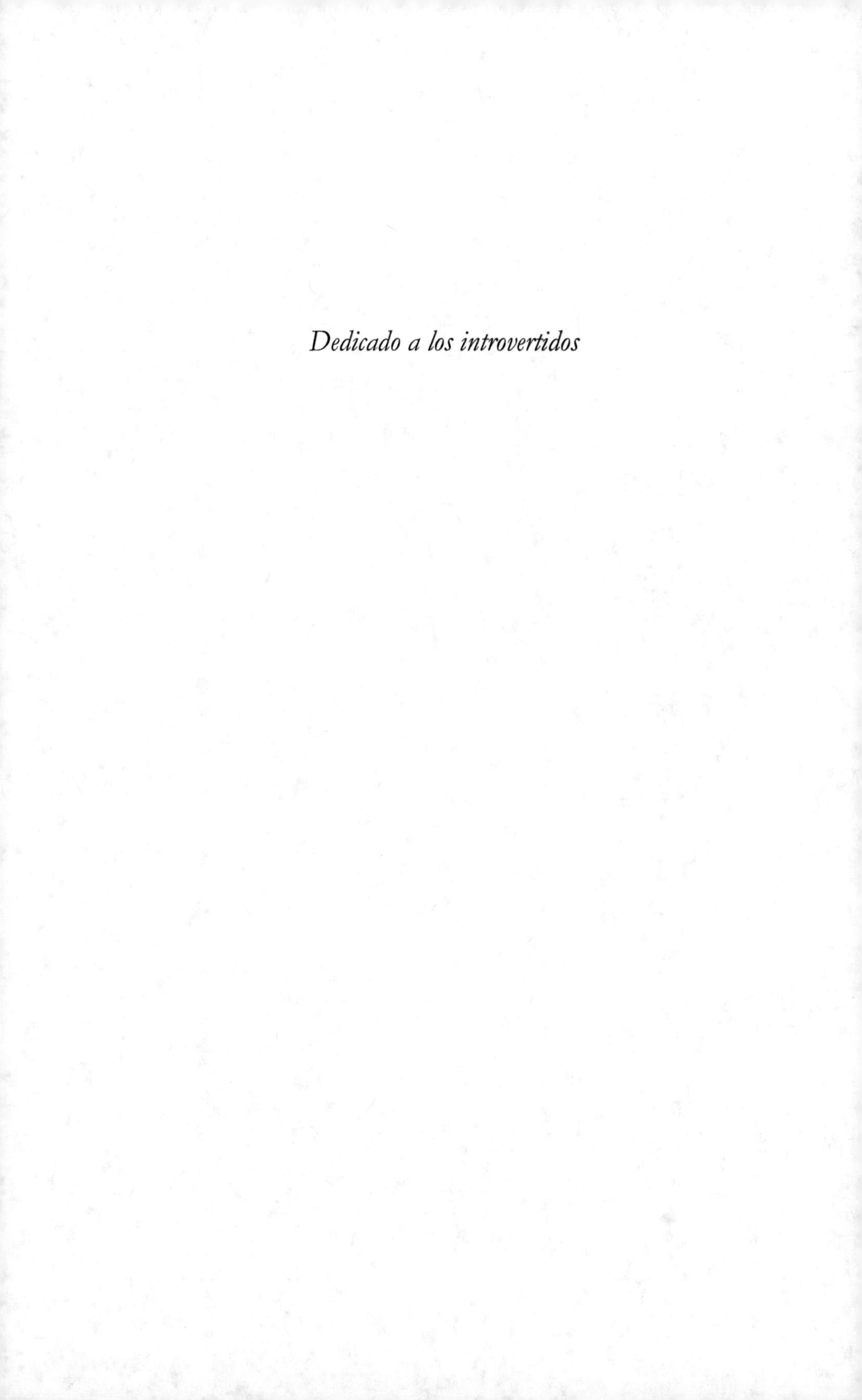

Dedicado a los introvertidos

Introducción

Prevenir, Contener o Mitigar, tres conceptos que quiero definir antes de comenzar. Cuando se habla de una enfermedad existen tres formas de atacarla. La primera es evitando que se dé, la segunda es detener su progreso y la tercera es reducir sus efectos cuando esta ya ha avanzada.

Imagínalos como tres pinceles que te permitirán diseñar tu vida de forma proactiva, creativa y segura. Prevenir te permite tomar precauciones o medidas por adelantado para evitar un daño, un riesgo o un peligro. Contener es conocer lo básico para impedir el desarrollo de una amenaza que, por lo general, es externa. Finalmente, mitigar te permite tomar acción inmediata para atenuar o reducir los efectos de un malestar o enfermedad.

En mi corta vida me ha tocado asesorar varios proyectos sociales en lugares de extrema pobreza con una gran cantidad de amenazas y siempre he tenido que tomar en cuenta estos tres francos, ya que descuidar uno de ellos, comprometía el desarrollo normal de los proyectos. A su vez, solían darme poco tiempo para estas tareas, lo que me generaba un tremendo estrés. Este libro no es solo una recopilación de información, también refleja mi filosofía para actuar frente a la crisis en estos tres francos. Esto me ha permitido tener la vida que quiero y no «la que me tocó vivir»; por eso quiero compartir contigo el poder de crear y diseñar tu vida de la mejor forma posible.

Una aclaración y sugerencia antes de comenzar, la

personalidad es la suma de nuestro temperamento heredado y el carácter que hemos desarrollado socialmente. Existen varios enfoques para controlar el estrés, los cuales considero válidos para determinados tipos de personalidad. Si bien muchos no atacan las causas principales del estrés, proponen buenas medidas de mitigación. Yo soy de las personas que busca la raíz de los problemas y los ataca desde sus causas, pero puedo comprender que no todos tienen mi personalidad y que mis sugerencias no les puedan servir, así como a mí no me sirvieron las soluciones de otras metodologías. Por otro lado, puede que desees sugerencias inmediatas y para eso he diseñado el apartado que habla de «Cómo controlar el estrés» al cual puedes ir directamente y luego volver.

Te presento este libro como una guía de recomendaciones para brindar conocimiento y consejería sobre el manejo del estrés, aclarando que si llegas a presentar manifestaciones agudas, debes acudir lo más pronto posible a un especialista (médico, psicólogo o psiquiatra).

Cada apartado está compuesto por definiciones, reflexiones, varios ejemplos como estudios de casos y, principalmente, del enfoque que debes tener para aplicar estos conocimientos. De nada sirve dominar conceptos y conocer actividades si no tienes el enfoque correcto para aplicarlas a tu situación. Finalmente quiero dejarte con una frase:

«Tu nivel de productividad no determina tu valor como persona»

Ben Guther
Julio de 2020

Capítulo 1.
Conceptos Básicos

No hace falta conocer el peligro para tener miedo; de hecho, los peligros desconocidos son los que inspiran más temor.
Alejandro Dumas

Empezaremos aclarando cuatro conceptos que están estrechamente relacionados y que probablemente ya hayas experimentado: miedo, estrés, ansiedad y ataques de pánico.. Muchas veces actuamos de forma instantánea cuando sentimos algo sin tomar conciencia de la emoción que provocó tal conducta. Quisiera ser un gran ejemplo de esto, pero siempre que enfrento nuevos retos sigo conociéndome y aprendiendo de mí mismo; sin embargo, mi experiencia en distintas zonas de mi país, me ha permitido desarrollar la capacidad de adaptación a nuevos entornos. Más adelante voy a ampliar esto, por ahora solo quiero que entiendas, que conocer estos conceptos básicos, te permitirá trabajar sobre ellos y crear algunas técnicas que se adapten a ti.

1.1. Abrazando el Miedo

¿Alguna vez viste el círculo cromático de colores? Los colores primarios como el azul, rojo y amarillo al combinarse generaran otros colores secundarios y, con más combinaciones, se abre la oportunidad a un mundo más amplio de colores. Este círculo también se puede clasificar en dos grupos de colores: los cálidos y los fríos. La ciencia ha utilizado una clasificación muy similar para comprender las emociones. En los noventa, Paul Ekman, clasificó como emociones primarias la ira, la alegría, la tristeza, la sorpresa, el asco y el miedo. Mientras que las emociones secundarias, según la misma clasificación, serian la culpa, el bochorno, el desprecio, la complacencia, el entusiasmo, el orgullo, el placer, la satisfacción y la vergüenza.

El miedo es una emoción primaria presente en todos las especies animales y ha sido definido de diversas formas por filósofos, psicólogos, sociólogos, antropólogos y otros especialistas en la conducta. No existen emociones buenas ni malas, solo agradables y desagradables. Para fines educativos, lo voy a definir de forma sencilla, como el conjunto de respuestas que se producen cuando una persona está frente a un peligro presente o que esté muy próximo a ocurrir (Becerra-García et al., 2007).

El miedo es una respuesta natural de nuestro organismo y su función principal es activarnos para mantenernos a salvo. Nos pone en *modo sobrevivencia*. Este modo consiste en tres posibles respuestas: luchar, huir o paralizarnos. Imagina que no tuviéramos miedo, que al escuchar un sonido fuerte no sintiéramos absolutamente nada o que al ver un león paseando libremente por la calle no nos asustásemos y camináramos tranquilos, lo más probable es que pase algo que comprometa nuestra seguridad. Al menos yo, si estuviera en esa situación, me transformaría en un acróbata y treparía al techo de la casa más cercana. El miedo es desagradable pero no es malo ni algo que debamos evitar. Si aprendemos a comunicarnos mejor con el miedo en vez de evitarlo, encontraremos las mejores soluciones. Si no lo administramos bien, podríamos generar patologías como la ansiedad.

La sociedad también nos ha enseñado a tenerle miedo a

determinadas cosas así que tambіén tiene su componente social, pero de eso hablaremos más adelante.

La neurociencia también ha hecho grandes descubrimientos y es importante entender al menos las estructuras básicas que la controlan.

1.2. La Amígdala, nuestra *Centinela Emocional*

Es en nuestro cerebro donde se produce la activación de todas las manifestaciones físicas del miedo, una de estas partes se llama *amígdala cerebral*, la misma se encarga de conectar con otros centros cerebrales para producir la respuesta de enfrentamiento, parálisis o huida del individuo frente a una situación de peligro (Bradley, 2000). De forma resumida, se puede decir que cuando el cerebro reacciona al miedo, se estimula la liberación de sustancias químicas, tales como la adrenalina, noradrenalina y cortisol, entre otras, que van a actuar mediante el sistema nervioso autónomo, en diferentes órganos y sistemas de nuestro organismo para producir manifestaciones físicas como palpitaciones cardíacas, aumento de la presión arterial, sudoración de las manos, temblor, dilatación de las pupilas, mareos, náuseas, vómitos, ganas de evacuar y orinar, sensación de «carne de gallina» (piloerección), sequedad bucal y de la garganta, aumento de la frecuencia respiratoria, sobresalto, contracción de los músculos, cambios de la expresión facial, etcétera (Pérez Grande, 2000).

Volviendo al ejemplo del círculo cromático, en 1980, su creador Robert Plutchik, se valió de él para explicar la «Teoría Psicoevolutiva de la Emoción», utilizando un modelo cónico y otro circular, también conocido como la rueda de las emociones. El miedo combinado con otras emociones puede crear nuevas, como la sumisión o el susto. Por eso decimos que sobre el miedo se pueden construir otras emociones.

1.3. Todos sentimos Miedo

En cuanto a la función que desempeña el miedo en nuestras vidas, te repito y quiero que no lo olvides, el mismo tiene una *finalidad protectora*, porque es la emoción que garantiza nuestra supervivencia. Todos, sin distinción de edad, género, color de piel, nivel socioeconómico, etcétera, hemos experimentado miedo. El miedo es un componente innato en el ser humano, que le ha permitido, a lo largo de los años, perdurar como especie. Si recordamos nuestras primeras vivencias, siempre nos vendrá una impresión de sentir «un frio corriendo el cuerpo», o un «nudo en la garganta», entre otras representaciones, ante alguna situación para la cual no estábamos preparados.

Evocando una anécdota respecto al miedo, que demuestra que nadie está a salvo de él, es lo vivido por el gran líder surafricano Nelson Mandela, el padre de Suráfrica; pues ¿quién diría que este hombre tan noble y valiente hubiese experimentado esta sensación alguna vez en su existencia? Y él mismo lo confesó en varias entrevistas, cuando ya era un hombre libre, como dijo uno de sus biógrafos:

¡Ha sentido miedo en muchos momentos de su vida, como el tiempo que pasó en las comisarías del apartheid o en la prisión de Robben Island!" Y como dijo el mismo Mandela: «Hubiera sido irracional no sentir miedo. No puedo pretender ser tan valiente.

¡Pero hay que poner siempre buena cara!»

Fue de este modo que Mandela, vivió, respiró y durmió con el miedo, todos los días de su vida, pero ese miedo no lo derrumbó, todo lo contrario, lo fortaleció para un mejor destino de Suráfrica y de toda la humanidad, rompiendo los lazos del racismo, el odio y el dolor que alguna vez separaron a los hijos de una misma nación (Casa África, 2020).

Yo suelo decirme siempre que valiente no es aquel que no tenga miedos, sino aquel que los reconoce y los enfrenta utilizándolos a su favor. Es importante tomar consciencia de cuál es el origen de nuestros miedos y si estos son efectivamente reales, razonables o solo son creencias limitantes que tenemos en nuestra mente y deberíamos desechar. A medida que vamos desarrollándonos como personas, estos temores van tomando forma según nuestra edad.

1.4. El miedo según la edad

Como vengo explicando, el miedo es una emoción normal

que puede experimentar cualquier persona que esté expuesta a un peligro, sin importar su edad, género, color de piel, etcétera. En la niñez, la mayoría puede experimentarlo de forma leve y manejarlo de forma adecuada hasta llegar a la edad adulta. Sin embargo, si por ejemplo, un niño, vive en un entorno familiar, escolar o social que no actúa como una verdadera red de apoyo y protección de su niñez, entonces, se podría originar un trastorno que comprometa su desarrollo normal.

En este sentido, los especialistas indican que el miedo va a variar según la edad. Durante el primer año de vida, el miedo puede ser causado por ver una *cara extraña*, escuchar sonidos fuertes o voces de personas desconocidas, es decir, que no sean sus padres o cuidadores. Desde los dos y hasta los seis años de edad, los fenómenos de la naturaleza, como por ejemplo, las tormentas o la presencia de algunos animales, pueden causar temor; igualmente, los problemas de los padres, como la separación o conflictos familiares, pueden influir en su aparición. También, a esta edad es común tener miedo a seres imaginarios, tales como duendes, brujas y/o fantasmas. Entre los seis y los once años, lo más frecuente es tener miedo a sufrir lesiones físicas, a hacer el ridículo, a los accidentes, a las peleas entre los padres. En la franja que va desde los doce hasta los dieciocho años, causa más miedo el ser rechazado por el grupo, el no tener una buena imagen o los conflictos con otras personas. A partir de los dieciocho años, las causas son de índole más social: desempleo, inseguridad ciudadana, soledad, entre otras; es decir, metas que según la sociedad ya se deberían de haber alcanzado.

1.5. Sobreexposición

Así como el temor ancestral que heredamos por el

hambre, la muerte, las guerras, las catástrofes, hasta los más novedosos originados por nuestra sociedad actual, como el miedo a desempleo, perder la belleza física, fracaso en los negocios, etcétera (Mestres y Rego, 2014), la sobreexposición a noticias y contenido sensacionalista puede aumentar nuestros miedos y es importante que tomes conciencia de esto.

Los medios de comunicación necesitan utilizar el sensacionalismo para llamar nuestra atención. Actualmente estamos cada vez más dispersos y en su lucha por captar nuestra atención, los medios, presentan la información o titulan de forma alarmante. Cada uno debe desarrollar la capacidad sensocrítica al escuchar o ver las noticias, dudando de sus afirmaciones, que suelen mostrarse como verdaderas, ya que muchas veces solo resaltan una parte de la compleja realidad de cada situación.

1.6. ¿El estrés es malo?

Recuerdo ese día muy bien, todavía no me había tomado mi café matutino, pero estaba sumamente despierto a las 7 de la mañana y me encontraba frente a la computadora elaborando un informe que me apremiaba entregar; ese día prácticamente ni me dio hambre ni sueño y regresé a mi cama a las 11 de la noche. Fue extraño tener un día así ya que normalmente no soy una persona con mucha energía, así que entendí que el estrés era el causante. El estar bajo presión había aumentado mis capacidades cognitivas y desde entonces quise saber más sobre el tema.

Este término proviene del vocablo inglés *stringere* que significa presionar, oprimir, apretar o atar (Gómez y Escobar, 2006). Los efectos del manejo inadecuado del estrés son considerados como el mal del siglo XXI y se le considera un grave problema de salud pública cuando se convierte en estrés crónico. No existen cifras epidemiológicas actualizadas sobre su prevalencia, pero para el 2015 se le consideraba entre las principales enfermedades de la salud mental que afectaban a unos 450 millones de personas en el mundo (Banco Mundial, 2015). Pero volviendo al punto podemos definir el estrés de la siguiente manera: es la respuesta adaptativa que todo el organismo realiza para mantener su funcionamiento adecuado, asegurando así la supervivencia, en base a los recursos físicos, mentales y ambientales que posee (McEwen, 2005).

Como podemos observar, el estrés, en principio es *una respuesta fisiológica normal de todos los seres vivos*, siendo una manera de preparar al organismo para la adaptación de la supervivencia al medio ambiente. Este tipo de estrés, también conocido como *eustrés*, es calificado positivamente por los especialistas, ya que nos permite responder adecuadamente a las demandas externas (medio ambiente externo) y a las necesidades internas de nuestro organismo (medio ambiente interno), lo que ayuda a regular el equilibrio necesario que garantice una respuesta eficaz. A mí en particular me encanta este tipo de estrés porque saca lo mejor de mí.

Cuando no poseemos la capacidad de responder de forma adecuada y oportuna a las demandas y presiones que nos exige la vida diaria, desarrollamos las manifestaciones negativas del estrés, denominado *distrés*, que generalmente suele estar acompañado de otras emociones desagradables (Correché y Labiano, 2003).

En el estrés van a intervenir estímulos llamados estresores

ambientales, que pueden afectar negativamente al individuo si este no responde emocional y físicamente de forma correcta, y hasta los visualiza como un peligro real de forma prolongada. Las condiciones ambientales alteradas, generan estímulos ambientales estresores. Distingamos un poco estos dos tipos de estresores del medio ambiente tanto interno como externo.

1.6.1. El medio ambiente interno:

Se refiere a la parte biológica del ser humano como nuestro nivel de azúcar en la sangre (glicemia), niveles de hormonas sexuales masculinas y femeninas, valores de presión arterial, niveles de hormona tiroidea en sangre, presencia de hemorragia, dolor, concentración de oxígeno y dióxido de carbono en sangre, pH de la sangre arterial y venosa, entre otros parámetros fisiológicos.

1.6.2. El medio ambiente externo:

- **Ambiente laboral**: adaptación a un nuevo ambiente, exceso de trabajo, malas relaciones con los compañeros, acoso.
- **Ambiente familiar**: problemas conyugales o de pareja, conflictos con los padres o hijos, falta de red de apoyo familiar.
- **Ambiente académico:** época de exámenes, mal rendimiento académico, conflictos con los compañeros de clase.
- **Ambiente socio-económico y político**: deficiencia en los servicios de luz, agua, internet, transporte público, desempleo, salarios bajos, marginación.
- **Ambiente geográfico**: condiciones de los lugares

donde vivimos, ríos y cerros cerca de las viviendas, condiciones climáticas, calidad del agua, riesgo de deslaves e inundaciones.

1.7. ¿Cómo se produce el estrés en nuestro organismo?

Un nivel de estrés moderado estimula nuestro organismo y nos permite alcanzar nuestro objetivo, volviendo al estado de reposo cuando el estímulo termina; el problema surge cuando se mantiene la presión ejercida por ciertos estímulos haciendo que el organismo entre en un estado de resistencia. Si se producen ciertas circunstancias, como por ejemplo el exceso de trabajo, las presiones económicas o sociales, se van a percibir como una amenaza, lo que ocasiona una sensación de incomodidad; cuando esta sensación se mantiene de manera constante o por mucho tiempo, se puede llegar a un estado de agotamiento y cansancio físico y mental, con posibles alteraciones en el funcionamiento de varios órganos y sistemas de la persona. Esto produce respuestas físicas, emocionales y en la conducta de la persona con la función del eje hipotálamo-hipófisis-suprarrenales, como a continuación explicaré.

1.7.1. Función del eje Hipotálamo-Hipófisis-Suprarrenales en la respuesta del estrés

Ante una situación de estrés, el organismo tiene una serie de reacciones fisiológicas que activan el eje del hipotálamo-hipofisario-suprarrenales, además puede intervenir el sistema inmune, si la respuesta estresante se mantiene durante mucho tiempo. Este eje está formado por el hipotálamo, que es una estructura del sistema nervioso central, y por la hipófisis y suprarrenales, que son glándulas del sistema endocrino, que a su vez están reguladas por el sistema nervioso autónomo. El hipotálamo actúa de enlace entre el sistema nervioso central y el sistema endocrino, estimulando la liberación de hormonas a la sangre que intervienen en la regulación de la actividad de numerosos órganos y sistemas, como por ejemplo: el corazón, vasos sanguíneos, pulmones, sistema digestivo, la piel, entre otros. En nuestra respuesta corporal al estrés, todas estas importantes estructuras y hormonas representadas por el eje hipotálamo-hipófisis-suprarrenales, se pueden activar ante agresiones físicas y psíquicas, y por el sistema nervioso autónomo (o vegetativo, porque no depende de la voluntad del cerebro).

Estas interrelaciones se producen de tal forma, que cumplen con un delicado equilibrio en nuestro organismo para el control de funciones vitales necesarias como los latidos cardíacos, la respiración, la presión arterial, la temperatura, la sudoración y otras muy importantes para que mantengamos diariamente nuestra vida en buenas condiciones. La organización de este eje se muestra en la siguiente figura:

Figura 1
Eje Hipotálamo-Hipófisis-Suprarrenal

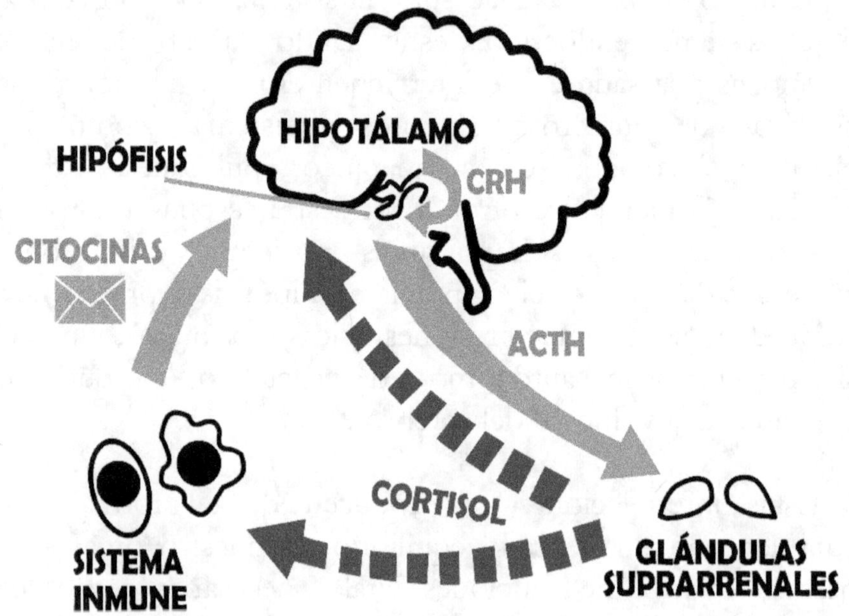

Fuente: En base a Duval et al. (2010)

El hipotálamo segrega unas hormonas que son liberadoras de unas sustancias llamadas corticotropinas (CRH), que actúan sobre la glándula hipófisis y provocan la liberación de otra hormona llamada adenocorticotropina (ACTH) que, a su vez, va a actuar sobre las glándulas suprarrenales, que van a producir otras sustancias conocidas como esteroides (glucocorticoides y andrógenos). El cortisol es uno de los esteroides más conocidos, por lo que también se lo llama *la hormona del estrés*, facilita el control del agua y los valores de presión arterial en las personas. Además, el cortisol, y otros glucocorticoides producidos por las suprarrenales, intervienen en la regulación de algunos procesos infecciosos; y también, puede producir reducción de los niveles de azúcar (hipoglicemia) en la sangre. En cuanto a las citoquinas son proteínas de bajo peso molecular producidas durante la fase de iniciación de la respuesta inmune con el objeto de mediar como mensajeras y regular la amplitud y duración de las respuestas inmunoinflamatorias.

El sistema nervioso autónomo (o vegetativo) también participa, en conjunto con las hormonas citadas anteriormente, en el mantenimiento del equilibrio de la salud del organismo. Este sistema se divide en dos ramas: la simpática y la parasimpática. En el caso de la respuesta del estrés, la rama que se activa es la simpática, que se encarga de la liberación de otras hormonas denominadas catecolaminas, como la adrenalina y la noradrenalina, las cuales van a regular el aumento de los latidos cardíacos, las respiraciones, la sudoración, las contracciones musculares, entre otros efectos que ya describimos en las reacciones al miedo. La adrenalina es segregada en la médula suprarrenal, especialmente en casos de estrés psíquico y de ansiedad, mientras que la noradrenalina es liberada por las terminaciones nerviosas simpáticas, lo que aumenta su concentración principalmente en el estrés de tipo físico, en situaciones de mucho peligro o agresividad. Realmente, la adrenalina y la noradrenalina son las hormonas que ponen el cuerpo en alerta frente a un peligro y lo preparan para la lucha o la retirada.

Es importante que entiendas que al exponemos de *manera prolongada* a una amenaza no resuelta, se reducirán las capacidades de respuesta que se pueden producir frente a esos estímulos. Esto nos puede conducir a un estado de agotamiento físico y mental que puede alterar nuestra salud. Por eso los expertos médicos dicen que el estrés, manejado inadecuadamente, produce enfermedades psicosomáticas; es decir, que los síntomas de los órganos alterados producen trastornos o enfermedades emocionales, como por ejemplo la depresión y la ansiedad, entre otras.

1.8. Fases del estrés

El estrés se compone de tres elementos (Duval et al., 2010): alarma, resistencia y agotamiento o relajación. A continuación, los explicaré brevemente:

1. Fase de Alerta (o de alarma): se inicia por efecto de un estímulo proveniente del medio ambiente, interno o externo, también conocido como *estresor*. El estresor actúa en el hipotálamo y de este llega a las glándulas suprarrenales que liberan la adrenalina, que va a generar la energía necesaria en caso de urgencia. Esta adrenalina produce un aumento de los latidos cardíacos, de la dilatación de las venas y presión arterial, del consumo de oxígeno y respiración, incremento del estado de vigilancia del organismo, entre otras respuestas. En esta fase, el organismo se prepara para enfrentar el estímulo que puede estar amenazando su vida, por ejemplo, una reducción en el azúcar sanguíneo, lo que puede llegar a producir la muerte. En esta fase también puede actuar la noradrenalina, la cual es liberada desde el sistema nervioso central y va a contribuir al aumento del estado de alerta del organismo.

2. Fase de Resistencia (o de defensa): si el estímulo estresor se mantiene sobre el organismo, entonces se van a estimular las glándulas suprarrenales que van a liberar la hormona cortisol, encargada de mantener los niveles de azúcar adecuados para el corazón, cerebro y los músculos.

3. Fase de Relajación (o de agotamiento): si la situación o el estímulo estresor se mantiene, se produce una activación del sistema hormonal de forma crónica, ocasionando enfermedades físicas y mentales. En este nivel ya empieza a afectarse el sistema inmune o las defensas del organismo. Personalmente, esto me pasaba después de la época de exámenes, mis defensas bajaban debido al estímulo estresor de manera constante, lo que ocasionaba que me resfríe fácilmente.

En el estrés se presenta una relación entre *Cargas* versus *Resistencia*. Como si ambas estuvieran en una balanza, cuando las cargas que debo resistir superan mi capacidad de mantener el equilibrio, se producen síntomas que el cuerpo envía como información. Las cargas podrían ser situaciones cotidianas en la familia, la universidad, el trabajo, los conflictos existenciales, etcétera, es decir, el ambiente como lo percibimos. Estas cargas van superando esa capacidad de resistencia, inclinando la balanza hacia el lado del estrés negativo, lo que provoca la aparición de síntomas como dolor de cabeza y nuca, dolor de estómago, insomnio, entre otros.

En la estructura del sistema nervioso central, el *hipotálamo,* se encarga del procesamiento de la memoria del organismo, la regulación de la temperatura corporal, el hambre, la sed, entre otras funciones; lo importante, es que este órgano va a ser la memoria emocional que permitirá que reaccionemos adecuadamente frente a una situación estresante análoga, a esto se le denomina *afrontamiento* de una situación.

Si no ocurre un afrontamiento adecuado del estrés estamos más propensos a enfermarnos o presentar alteraciones en nuestro organismo. Por ejemplo, pueden darse trastornos menstruales en una mujer que sospecha estar embarazada al no bajarle la menstruación; si no era un embarazo planificado esto puede generarle estrés que a su vez afectará su ciclo menstrual causando más retraso y reforzando, al mismo tiempo, la sospecha.

Por otra parte, varios estudios han demostrado que las personas con niveles elevados de estrés tienen *riesgo de presentar inmunosupresión*, por lo que pueden estar más expuestas a enfermedades infecciosas. A nivel emocional puede producir ansiedad, depresión, cansancio físico y emocional en el trabajo, pudiendo llevar a situaciones como el rechazo a ir a trabajar (uno de los síntomas de un trastorno conocido como *Síndrome Burnout* o de *estar quemado*); además de desarrollar otras emociones negativas, como la irritabilidad, la tristeza y el odio, que disminuyen la calidad de vida (Piqueras Rodríguez et al., 2009).

Una investigación del Observatorio de Tendencias Sociales y Empresariales de la Universidad Siglo 21 (2019), midió el índice de bienestar emocional y estrés en trabajadores argentinos, descubriendo que el gran agotamiento impacta más en la felicidad de los *millennials*. Se estima que en los trabajadores con *burnout*, tan solo el 15,2% es feliz en su trabajo, seguido por los integrantes de la *generación X* (26,1%) y los *baby boomers* (41%).

El personal de salud (considerada como una de las profesiones más estresantes juntamente con los bomberos, pilotos de avión, policía, organizador de eventos, periodistas, entre otras) que ha estado sometido a situaciones extremas de estrés por un tiempo prolongado y luego, se va de vacaciones para descansar suele enfermarse ¿Por qué pasa esto? Pues, se encuentran en el desarrollo de la tercera fase de la cadena del estrés que ya mencioné, la fase de relajación (o de agotamiento): debido a que la persona tuvo un desgaste excesivo de energía y recursos físicos y emocionales, para hacer frente al estrés que vivió, cuando se va de descanso, siente agotados ciertos niveles de esa energía y recursos fisiológicos (sustancias hormonales, células del sistema inmune, etcétera), lo cual crea la predisposición para que contraiga una enfermedad o un estado de inmunosupresión. Más adelante, retomaré esta información cuando explique mejor el sistema inmune, de momento vamos a ampliar los síntomas del estrés.

1.9. Tipos de respuesta de nuestro organismo ante el estrés

El estrés produce una serie de manifestaciones a nivel físico, conductual y emocional, como a continuación se describe:

a) Manifestaciones físicas más frecuentes del estrés

Palpitaciones, aumento de la presión arterial, infarto al miocardio, accidente cerebrovascular, aumento de la glicemia, cansancio, dolores de cabeza, migrañas, dolores musculares. Dolor abdominal, colon irritable, úlcera duodenal, gastritis y vómitos. Enfermedades de piel (dermatitis), herpes cutáneo y de mucosas, caída del cabello. Alteraciones menstruales y disfunciones sexuales.

b) Manifestaciones conductuales más frecuentes del estrés

Conductas violentas, agresión, violencia doméstica, actitud defensiva de culpar a otros. Conductas alimentarias irregulares, trastornos del sueño, abuso de consumo de cigarrillos, alcohol y otras sustancias controladas.

Absentismo laboral (abandono del puesto de trabajo).

c) Manifestaciones emocionales más frecuentes del estrés

Ansiedad, depresión, distorsión de la autoestima. Falta de motivación. Dificultades de concentración. Distanciamiento emocional y aislamiento social. Sentimientos de frustración personal y deseos de abandonar el trabajo.

Aquí quisiera recordarte sobre la mitigación. Reducir estos efectos del estrés con medicamentos no soluciona el problema en sí, pero en algunos casos será prioritario tratarlos al principio para mitigar sus efectos; sin embargo, no deben considerarse soluciones definitivas al estrés. Tomar alguna medicación solo mitiga el problema, pero no lo resuelve, por eso debes ser consciente de cómo administras tu cotidianidad para buscar hacer cosas diferentes y sobrellevar el estrés de forma positiva. Si en algún momento de tu vida sientes que no puedes más, no desistas, solo descansa.

1.10. ¿Existen diferencias de género en las manifestaciones del estrés?

Quiero comentarte que existen algunos estudios realizados con resonancia magnética cerebral en hombres y mujeres saludables, expuestos a situaciones de estrés, que han demostrado que existen algunas diferencias *genéricas* en cuanto a las manifestaciones del estrés, entre las que enumero las siguientes (Duval et al., 2010):

a) **En los hombres**: se observa predominio de la actividad de una zona cerebral denominada corteza prefrontal, encargada de la conducta de escape y de lucha.

b) En las mujeres: se observa predominio de la actividad del sistema límbico, que contiene al hipotálamo e hipocampo y otras estructuras del sistema nervioso central, que se encargan de las emociones. En estos casos, el sistema límbico contribuiría con la conducta de ayuda y de protección, más que el de fuga y lucha, activado por el sistema simpático, que se observa en los hombres.

En cuanto a estas diferencias de géneros, voy a contarte una anécdota de una amiga profesional del área de la salud, a la cual llamaremos Diana (Caso 1), a quien se le plantea la situación de tener que sobrellevar un empleo, la familia y problemas relacionales, contexto donde pueden intervenir gran cantidad de estresores:

1.10.1. Diana (Caso 1)

Mujer, de profesión dentista de 45 años, casada con un médico cirujano, con dos hijos varones adolescentes de 12 y 14 años. Tiene un empleo fijo desde hace 8 años en su consultorio privado que funciona en un local alquilado. Su hermano es un ingeniero de sistemas informativos y vive en otro país. Además, tiene un perro como mascota. Desde hace 24 meses tiene la responsabilidad de cuidar a sus padres, ambos con accidentes cerebro-vasculares y enfermedad de Alzheimer. No tiene otro familiar que la ayude con ellos.

Ella seguía la siguiente rutina:

✓ Preparar y compartir el desayuno.

✓ Alimentar a la mascota (a veces, el esposo y los hijos ayudan en esta tarea).

✓ Preparar el almuerzo; refrigerar una parte para que

calienten sus hijos al regresar y empaquetar el resto para que su esposo y ella lleven al trabajo.

✓ Ducharse y arreglarse para ir al trabajo.

✓ Trabajar en su consultorio dental de 8:30 a 12:00 y de 13:30 a 18:00 h.

✓ Almorzar en su consultorio y cargarle combustible a su vehículo si queda tiempo. En otras ocasiones cargaba el combustible en el horario de las 7:30 h (sus hijos asisten a clases de secundaria de 7:00 a 13:00 h, el resto del día hacen sus deberes escolares y dos horas de prácticas de natación por las tardes).

✓ Preparar y compartir la cena, alrededor de las 19:00 h. Algunas veces, el esposo se encargaba de llevar comida comprada. Sus hijos lavaban los platos y luego miraban televisión o usaban la computadora entre las 20:00 y 22:00 h, y luego se iban a dormir.

El esposo tenía como rutina cumplir con el trabajo de 12 horas diarias, además de las guardias de 24 h que debía hacer una vez a la semana. Los fines de semana, Diana no trabajaba y compartía con los hijos y el esposo en el hogar, además hacía otras actividades tales como la faena del hogar, ir de compras, ir al cine, reunirse con sus amistades. No practicaba ningún deporte, al igual que el marido.

Cuando sus padres enferman y no pueden permanecer más tiempo solos en su casa, aceptan voluntariamente la decisión de Diana de llevarlos a vivir con ella. Al principio, ella tomó la decisión de asumir esta responsabilidad, primero porque no había otro familiar que los pudiera apoyar y, segundo, porque pensó que era su responsabilidad y obligación velar por sus padres, así como ellos habían cuidado de ella cuando más lo necesitaba y la habían ayudado a concluir sus estudios. Durante los primeros tres meses, ella pudo atender personalmente a sus padres, sin embargo, esto la obligó a dejar de atender su consultorio por ese tiempo. Con la ayuda de su esposo pudo cumplir con los gastos del arrendamiento de su espacio de trabajo. Luego de pasar unos cinco meses de haber empezado a cuidar a sus padres, empezó a tener síntomas como dolores de cabeza, cuello y espalda, además de mareos y dolores gástricos.

Ella atribuía esto al esfuerzo muscular que tenía que hacer cuando levantaba y movía a sus padres para hacerles el aseo o trasladarlos por la casa, por la limitación que tenían debido a sus discapacidades. Por otra parte, ella buscaba sus medicamentos de forma quincenal y llevaba a sus padres a las consultas médicas de forma mensual, así como también se encargaba de las compras de los alimentos y pago de facturas de los servicios del hogar. El esposo en sus tiempos libres, se encargaba de buscar efectivo en el banco y de hacer el resto de las compras de las cosas para la casa.

Después de cinco meses sin trabajar, Diana, también empieza a sentir la falta de dinero, a extrañar su rutina de trabajo y salir de compras con sus amistades, con las que solo ha mantenido contacto telefónico. No sabe qué hacer, empieza a manifestar síntomas de gastritis, con problemas para dormir: se levanta varias veces en las noches y duerme poco.

Un día llama a un amigo psicólogo que le aconseja que busque a alguien de confianza que la ayude con el cuidado de sus padres, así como con las labores del hogar, para que ella pueda regresar al trabajo y rutina habitual. También le explicó que estaba presentando manifestaciones de estrés, que no podía continuar así, porque se iba a enfermar gravemente y, finalmente, no podría atender a sus padres ni a ella misma. Entonces, Diana, habló una noche con su esposo sobre lo que le estaba pasando, de lo mal que se sentía: sensaciones de tristeza, infelicidad, cansancio y aburrimiento.

Él le dijo que se calmara, que ella podía buscar a alguna persona de su confianza para que se encargara del cuidado de sus padres durante el día y que por las noches, toda la familia ayudaría. Agregando que todos deberían reorganizarse y colaborar más para cuidar de los abuelos y participar más de las actividades hogareñas. No todo tenía que ser de la responsabilidad de Diana, porque ella no era una esclava, era un ser humano, y el *hecho de ser mujer no la hacía ser merecedora de esas cargas*. Igualmente, le sugirió que pidiera ayuda, así fuera económica, al hermano que vivía en el exterior, para poder costear el pago de la persona que la iba a ayudar en el hogar. Fue así, como ella habló con su hermano y, efectivamente, él le brindó la ayuda económica necesaria para contratar a una enfermera que apoyara a sus padres. Finalmente, sus hijos y esposo se implicaron más en las tareas del hogar y el cuidado de los abuelos, cuando era necesario.

Diana pudo retornar su trabajo, con ánimo, agradecida de la vida, con ganas de vivir, de hacer lo que le gustaba y, además, de tener la fuerza y el ánimo de apoyar a su familia, que a su vez la apoyaba y demostraba su amor.

En este caso, vemos como Diana tuvo manifestaciones del estrés importantes en un transcurso de cinco meses, porque tenía un nivel de cargas o responsabilidades que sobrepasaban sus recursos fisiológicos, emocionales, familiares y hasta económicos. Es bueno pedir consejo, ya sea a un o amigo y mejor si es un profesional. También es recomendable usar la comunicación asertiva con la familia.

Esto le permitió manejar exitosamente el estrés, sin abandonar a sus padres.

Si en el caso anterior se tratara de un varón, lo más probable es que él lo hubiese manejado de forma diferente, quizás por razones culturales muy características de Latinoamérica. Quizás habría buscado rápidamente el apoyo de un familiar, siendo lo más probable que fuera una mujer, para que se encargara de los padres o buscaría internarlos en una institución habilitada para tales fines. Aunque he visto casos donde los cuidadores primarios de familiares enfermos son varones. Este es un tema controversial, pero en nuestra cultura es frecuente que la mujer sea la que se encargue del cuidado de la familia y de las labores domésticas. De hecho, existen estudios que señalan que las mujeres tienen una alta probabilidad de escoger profesiones que tienen que ver con el cuidado de las personas, como la enfermería, la medicina, la odontología, el trabajo social, por ejemplo, donde se perpetúa el rol de *cuidadora y protectora* de la familia que tradicionalmente se le ha asignado al género femenino.

1.11. Entendiendo la Ansiedad

Para muchos especialistas en psicología, la ansiedad es la emoción más común y universal que presentan las personas. Según la Organización Mundial de la Salud, OMS, para el 2017 existían 260 millones de personas con algún tipo de trastorno de ansiedad a nivel mundial. Todos los seres humanos hemos experimentado situaciones de ansiedad, al igual que de miedo. Existen múltiples acepciones de ansiedad, por ser una emoción compleja. Para los fines de este libro, la definiremos como una respuesta emocional del sujeto ante situaciones que percibe o interpreta como amenazas o peligros (Lang, 2002).

La ansiedad se comprende, de forma práctica, como un estado persistente del miedo ante situaciones amenazantes, que en ese momento, no son reales o no revisten ningún peligro para la persona. Todos hemos vivido emociones desagradables, que nos pueden generar ansiedad, como por ejemplo, cuando tenemos que hablar en público, cuando conocemos a un futuro jefe o iniciamos alguna relación amorosa, entre otras. Durante estas circunstancias podemos sentir todas las manifestaciones fisiológicas del miedo (Sierra et al., 2003). Es importante aclarar que las expresiones de ansiedad son normales y, en la mayoría de las situaciones, ayudan a que la persona detecte un peligro potencial (o futuro) y esté preparada para actuar y evitar un daño. El problema se puede presentar si se mantiene activado constantemente ese estado de alerta, interpretando esa amenaza como un peligro, que en realidad, no siempre va a existir (Becerra - García et al., 2007).

Una persona con ansiedad puede experimentar sentimientos de miedo, terror o intranquilidad excesivos. Los síntomas son principalmente psicológicos y pueden ser detectados a través de la sudoración, inquietud, irritabilidad, fatiga, falta de concentración, problemas para dormir, dificultad para respirar, latidos cardíacos rápidos, tensión muscular y mareos. A veces los síntomas empeoran con el tiempo y afectan la vida diaria de la persona. Hay muchos tipos de trastornos de ansiedad, como el *trastorno de ansiedad generalizada*, el *trastorno de ansiedad social*, el *trastorno de pánico* (trastorno de angustia), el *trastorno por estrés postraumático* y las *fobias*.

Voy a contarte un ejemplo anecdótico de un cuadro de ansiedad que me compartió un amigo del personal médico, respecto a un joven paciente al cual llamaré Enrique (Caso 2):

11.1. Enrique (Caso 2)

Se trata de un hombre de 28 años, soltero, de ocupación comerciante. El joven acude un día a la consulta de mi amigo médico para una evaluación, ya que estaba presentando unas lesiones en la piel de tipo costrosas y muy pruriginosas; además, sentía ardor para orinar, hacía un par de semanas, y tenía los ganglios del cuello inflamados, sin fiebre u otras manifestaciones. El doctor lo examina y le solicita todos los estudios necesarios para diagnosticar su cuadro clínico, aunque por la evaluación física suponía que tenía una infección urinaria y una enfermedad de la piel llamada escabiosis o sarna, que es ocasionada por unos parásitos.

Entonces, el Doctor le indica tratamiento para la piel, que es propio para la sarna y le dice que lo espera en otra consulta con los resultados del resto de los exámenes. El paciente le pregunta que por qué no le realiza la prueba de VIH. A lo que el doctor le pregunta que por qué le pide que le realice esa prueba. El joven sonrojado le dice que no le había comentado. El Doctor, con cara de asombro, pero tratando de disimular para no incomodar al hombre, le vuelve a preguntar si está seguro que no le ha dicho nada. El paciente, entre avergonzado y envalentonado, sacando fuerzas de donde no tenía, le comenta que estuvo con una trabajadora sexual de la plaza hace 28 días. Y que, después de ese encuentro, le salió eso tan feo en la piel y en el cuello, además de una secreción por los genitales. El médico, en su justo proceder, lo calma y le explica, que no hay ningún problema, que él le va a solicitar las pruebas para VIH, Hepatitis B y C, y para sífilis también, porque tuvo un contacto sexual de riesgo sin preservativos.

Pero el paciente insiste, todavía entre avergonzado y ansioso:

—Doc., yo creo que ella me pegó el VIH… ¡porque esto que tengo sí son síntomas del VIH!

El Doctor trata de calmarlo explicándole que eso todavía no se sabe y que debe esperar los resultados de los exámenes, que le recomendó hacer lo más pronto posible. Sin embargo, el joven insistió en que se le indicara inmediatamente la terapia para pacientes con VIH con antiretrovirales, ya que estaba seguro de tener la enfermedad.

Respirando profundo, el médico le explica que si él hubiese acudido antes de las 72 horas de haber tenido ese contacto de riesgo, ese mismo día le indicaba terapia profiláctica con antiretrovirales por 28 o 30 días, dado que es protocolo que se aplica a las personas que han tenido contactos de riesgo; pero que a estas alturas no era recomendado por normas de la institución sanitaria donde trabajaba. Sin embargo, después de esta explicación, el joven continuaba insistiendo (estuvo cerca de15 minutos en eso).

— ¡Pero qué hombre tan tenaz! —comenta el médico —. ¡Cómo te voy a poner un tratamiento tan fuerte sin saber si tienes o no ese virus! Hijo, ¡qué Dios te cuide de eso, pero sería una irresponsabilidad de mi parte!

Entonces, Enrique, desesperado responde que pagará lo que sea, pero que deben administrarle el antiretroviral, porque estaba muy preocupado, llevaba días sin dormir pensando que esa mujer le había contagiado VIH; que él había visto a personas con esa enfermedad que tenían las mismas lesiones en la piel y el cuello.

—¡Míreme, ya estoy demacrado, parece la fase sida! — remató, con evidente tensión en su cara, que ya estaba ardiendo más enrojecida, pero de ira.

El médico visiblemente molesto, le explicó, por última vez, que primero cumpliera los tratamientos que él le había indicado, además de otro examen. Solamente así él podría administrar los fármacos que deseaba el paciente: después de superar los trámites administrativos (si daba reactivo o positivo), lo admitiría en la unidad de pacientes con esa condición viral. Luego, le tocó el hombro, en señal de apoyo y lo despidió. Al día siguiente volvió el joven con los resultados de los exámenes, los cuales salieron no reactivos (negativos para VIH, hepatitis y sífilis), reportando solo infección urinaria.

El doctor calmándolo lo felicita y le receta el resto del tratamiento para la infección urinaria y unas vitaminas para subir las defensas del cuerpo. No obstante, el paciente persiste en su duda:

— ¿Doc., y si en esos resultados hubo algún error? ¿Y si se equivocaron los laboratoristas? ¿Y si de verdad tengo VIH? Por qué mire usted, yo he visto personas con estas lesiones de la piel y el cuello en el internet, y dicen que son de VIH.

El Doctor le aconseja entonces, que repita todos los exámenes y se realice unas pruebas que son más sensibles, llamadas Western Blot o una PCR (Reacción en Cadena para la Polimerasa), pero que son costosas y en la institución no hay en esos momentos. Pero si cuenta con los medios económicos, esa es la única forma de saber si es o no positivo, con mayor certeza.

Este es un ejemplo de un caso de ansiedad, Enrique expresa un miedo, que inicialmente es normal en cualquier persona que se tiene que realizar este tipo de exámenes, ante la amenaza de recibir un diagnóstico de este tipo de infección y no estar preparado para ello. En el caso del VIH es delicado el abordaje que hay que brindar a estos pacientes, por toda la connotación moral y social. En este sentido, es recomendable que toda persona que se haga estas pruebas, reciba una consejería *pre* y *post* prueba, para calmar al paciente y explicarle adecuadamente las conductas a seguir en caso de que se obtenga un resultado positivo. Por eso es tan importante un equipo multidisciplinario de salud para informar y sensibilizar adecuadamente a los pacientes y a su núcleo familiar, principalmente cuando existe un desconocimiento de la enfermedad. La mente y el cuerpo no son cosas separadas.

El joven se hizo las nuevas pruebas en el transcurso de la semana, llevando los resultados nuevamente al médico y sorpresa: ¡todos negativos o no reactivos! El paciente vuelve a comentar que quiere recibir los antiretrovirales, porque no puede dormir, no tiene apetito, no ha podido ir al trabajo pensando que tiene esa infección, que peleó con la esposa. Entonces, el médico le explica que podría repetirse los exámenes para VIH en tres meses, por eso del *periodo de ventana*, que es un tiempo en el cual el paciente, a pesar de haberse infectado, no presenta *anticuerpos*, que son una sustancia que se produce en el cuerpo cuando una persona se expuso a una infección. Pero el paciente le pregunta que si a la semana siguiente se puede hacer las pruebas otra vez, pero en otro laboratorio al que originalmente había acudido; el médico le dice que sí, que puede hacerlo y que está en su derecho, pero que es poco probable que se alterara la prueba en tan poco tiempo. El doctor también le comentó que debía ir a consulta psicológica porque tenía ansiedad y eso le estaba afectando los nervios (bueno, a decir verdad al médico también).

Y así continuaron por meses. El joven iba cada mes a pedir que le realizaran las pruebas. Hasta que por fin, al año, fue a consulta con psiquiatría y pudo mejorar su sintomatología ansiosa. Ahora va cada año donde el médico a hacerse su control y hasta el momento no adquirió una infección peor.

En este caso fue necesario el apoyo del área de psicología para tratar la ansiedad. Si bien la amenaza de contraer VIH era real, al comprobar que era negativa, Enrique seguía sintiendo temor. No gestionó de forma correcta sus pensamientos de temor, que en un principio le ayudaron a buscar información; pero a pesar de ir a consulta médica y recibir un diagnóstico, la realidad que él seguía percibiendo era de riesgo, tanto que este ya no era identificable para él. Llegó a la conclusión de tener VIH incluso antes de ir al médico, se adelantó al futuro (quizá pensando en los efectos del VIH) algo muy común en quien genera ansiedad. El pensar demasiado en el futuro provoca ansiedad y más aún si piensas que ese futuro es catastrófico. La ansiedad prolongada puede generar estados más críticos como explicaremos a continuación. Si no se gestionan los temores a tiempo, estos pueden ser perjudiciales para nuestro bienestar.

1.12. Entendiendo el Ataque de Pánico

Para los especialistas, un *ataque de pánico* o también llamado de *angustia*, es una respuesta exagerada de ansiedad, la cual presenta manifestaciones clínicas que deben ser evaluadas por un especialista médico, porque puede comprometer el estado de salud de la persona que lo padece. Para los fines de este libro, voy a utilizar la siguiente definición general:

Es un episodio repentino de miedo que se presenta en ausencia de un peligro real, acompañado de una descarga del sistema autónomo que ocasiona manifestaciones físicas y psicológicas por la sensación de correr un grave peligro o de un intenso miedo a morir, lo que nos obliga a escapar (Gómez Ayala, 2012).

En el ataque de pánico la respuesta de la persona es anormal frente a un determinado estímulo, que es interpretado como una amenaza que no es real. La persona con un ataque de pánico sufre mucho y puede padecerlo también durante el sueño, presentando manifestaciones como palpitaciones, dolor en el pecho, dificultad para respirar, mareos, sudoración excesiva, adormecimiento del cuerpo y la sensación inesperada de que va a morir.

Es necesario destacar que si una persona tiene estos síntomas, debe buscar ayuda médica, porque pueden ser ocasionados por alguna enfermedad de cuidado, como por ejemplo una patología cardiaca, de la tiroides, de los pulmones u otra que amenace su vida; o ser efectivamente un ataque de pánico, lo cual también es una emergencia en la que igualmente se compromete el bienestar y seguridad del paciente.

Voy a ofrecerte otra experiencia relatada por otra amistad personal, el Caso 3 que llamaremos Elena, sobre la manifestación de un ataque de pánico.

1.12.1. Elena (Caso 3)

Mujer de 45 años, casada, de ocupación auxiliar de oficina,

con un embarazo de 38 semanas, a término, sin enfermedades previas aparentes. Acude al servicio de emergencias de un hospital porque ya tenía contracciones dolorosas de parto. Es su primer bebé y realmente está muy emocionada. Ya en sala, Elena tiene un trabajo de parto prolongado de más de 24 horas, por su condición de primeriza y por su edad. Luego de tanto sufrimiento y agotamiento, en una jornada en la cual el personal médico le realiza los protocolos adecuados para poder tener un parto normal, ocurre lo más insólito.

Cuando la mujer iba a expulsar al niño, ya casi con la cabecita asomándose, Elena, de repente, cierra las piernas y se levanta de la camilla de partos, gritando que no quiere parir al bebé.

—¡ Ay mi Dios! — gritaron los médicos y enfermeras presentes en la sala.

Imagínense el drama en este caso, Elena parada, con la bata ensangrentada y el cordón umbilical casi saliendo, junto a la cabeza de su hijo asomada ya entre sus piernas. Nadie ahí lo podía creer.

Entonces, mi amigo, que en ese tiempo era estudiante de medicina (en práctica de su último año), intentó calmarla, diciéndole que tenía que acostarse en la camilla para que pudiera tener bien a su niño, que si seguía parada el bebé se le iba a caer al piso y se iba a hacer daño. Pero Elena continuaba gritando y gritando. Entonces, llegó uno de los especialistas de la sala de partos, el de más alta jerarquía, y procedió a regañarla, explicándole que debía parir acostada, porque de lo contrario, ella misma estaba matando a su propio hijo. Pero ella no paraba de gritar y de llorar, diciendo:

—¡No, yo no quiero hacerle daño al niño, pero no quiero

acostarme, porque si me acuesto me muero!

Entonces, mi amigo, el estudiante, le preguntó:

—¿Y por qué cree usted que acostándose se va a morir?¿Usted no piensa que es mejor parir acostada para que el bebé no se caiga y se lastime?

Entonces, la mujer le respondió:

—¡Es que si me acuesto, me va a pasar lo que le pasó a mi mamá!

Intrigados todos preguntaron al unísono qué era lo que había pasado. Ella respondió que su madre había muerto al parirla.

Fue en ese momento donde todos se miraron a la cara, como preguntándose sobre qué iban a hacer con esta paciente que se encontraba con un ataque de pánico. Y para completar el drama, no contaban en ese momento con un psiquiatra en la institución que los ayudara. La paciente estaba en el período expulsivo del parto y no se le podía sedar. «¿Ahora quién nos ayudará? ¿Qué vamos a hacer?» De repente todos dirigieron su mirada, de forma inquisitiva al más tonto (por decirlo así), al novato, sí, al estudiante de medicina.

Le preguntaron qué es lo que haría él en este caso. Al instante, el joven, sin pensarlo mucho, y exaltado en su empeño por aprender y desarrollar experiencia en pleno período de formación académica, se lanzó al suelo, ubicándose precisamente debajo de las piernas de Elena, y les respondió:

—¡Doctores, por favor, coloquen colchas aquí, y traigan lo necesario para atender a la paciente! Yo les ayudo desde abajo y ustedes toman al recién nacido, llevándolo hacia arriba para que no se lastime ni contamine.

Así fue como atendieron a Elena, sacaron rápidamente al niño y el cordón umbilical, mientras la calmaban con palabras de ánimo, transmitiéndole seguridad y paz, explicándole en todo momento que todo iba a estar bien. Luego, el joven le dijo a la recién estrenada mamá:

—¿Ya se dio cuenta que todo está bien, que ya nació su bebé? ¡No le pasó nada malo, ya se puede acostar y se va a sentir mejor! Respire profundo y suavecito.

Y efectivamente así fue, Elena aceptó acostarse, respiró mejor y recibió al niño en su regazo. Posterior a esto, fue valorada por especialistas en psiquiatría.

Con la anécdota que te acabo de contar, se puede deducir que Elena tuvo un ataque de pánico, producto de la ansiedad acumulada que tenía sobre la muerte de su madre desde su niñez, la cual se hizo consciente y salió a flote durante el proceso del parto. Aquí la moraleja que debemos aprender es que un temor mal gestionado puede tener repercusiones en el momento más inesperado. Por otra parte, observamos que a veces, las personas que pensamos que están menos capacitadas para resolver con éxito un problema grave, son las que efectivamente, por su nivel de intuición y de inteligencia emocional, pueden afrontarlo adecuadamente. Del término *inteligencia emocional*, hablaremos más adelante. Recuerda que la información que se va desarrollando es para saborearla gota a gota, como la rica miel, para que la vayas disfrutando sin empalagarte.

1.13. Diferencia entre Miedo y Ansiedad

Es interesante señalar que la ansiedad y el miedo se parecen en cuanto a que ambos pueden ser ocasionados por una sensación de peligro, pero la diferencia está en que el miedo se presenta ante un estímulo presente y real, mientras que la ansiedad se relaciona con la anticipación de un peligro a futuro (Sierra et al., 2003). Todos podemos tener miedo a las mismas cosas, pero la ansiedad puede depender de cada persona y de su percepción.

Si se nos acerca una bestia salvaje, como un león, el estímulo provoca en nosotros miedo y una respuesta de necesidad de correr. Esta es una respuesta normal, de supervivencia.

Si escuchamos en la radio o televisión que un león está hace dos días rondando en nuestro vecindario y que no lo han podido atrapar, y a su vez, nosotros tenemos que ir a comprar alimento, lo más seguro es que la sola idea de salir y encontrarnos con el león en la calle nos cause temor; en este caso, el miedo responde a una posibilidad. Si no identificamos este temor ni lo gestionamos, nos seguirá invadiendo al imaginarnos más posibilidades, como por ejemplo, que el león aprenda a saltar las paredes e ingrese al patio de nuestra casa. Esto generará un estado de ansiedad. Al escuchar cualquier ruido extraño, pensaremos que el león entró a la casa, aunque solo haya sido un gato.

En base a estos ejemplos, podríamos concluir que la principal diferencia radica en que la ansiedad puede producir una tensión que se mantiene en el tiempo y que puede producir manifestaciones cuando aparentemente no hay una causa conocida. Además, que la ansiedad puede perturbar la vida diaria de las persona, mientras que el miedo no, porque pasa luego de irse la amenaza.

1.14. Diferencia entre Estrés y Ansiedad

La ansiedad es un síntoma del estrés prolongado, todos podemos tener estrés, pero no todos los que lo manifiestan desarrollan ansiedad. El estrés activa nuestras capacidades fisiológicas y cognitivas, lo cual es ventajoso para hacernos más eficientes; pero un estrés mal manejado puede desarrollar, con el transcurso del tiempo, ansiedad. La ansiedad es como una bola de nieve, que a medida que va avanzando, se hace cada vez más y más grande. En la ansiedad las respuestas emocionales y fisiológicas del organismo son excesivas si se comparan con una situación de estrés, ya que éste nos pone en estado de alerta mientras que la ansiedad nos pone en una situación de conflicto interno. Te presento dos ejemplos con manifestaciones de estrés y ansiedad:

1.14.1. Sin trabajo y con estrés

El quedar sin empleo o no encontrarlo puede generar estrés. Yo solía dirigir consultorías de tres meses aproximadamente, luego me tomaba una o dos semanas de descanso. Después de ese tiempo tenía la necesidad de buscar hacer algo productivo y, entre otras cosas, de buscar trabajo. Esto hacía que actualice mi currículo, realizara llamadas o avisase a mis amigos que estaba buscando trabajo, por si sabían de algo y ellos solían enviarme información. De alguna u otra forma terminaba encontrando trabajo u otra consultoría y el estrés solía ayudarme a movilizarme.

1.14.2. Sin trabajo y con ansiedad

En una temporada muy difícil de mi vida me pasó lo siguiente: Estaba en un proceso de transición (algo que presento en más detalle en un siguiente libro relacionado a la crisis existencial, pero que me sirve de ejemplo en este caso) llevaba unas semanas sin tener trabajo, era un estrés normal, sin embargo, esto se prolongó y comencé a desarrollar estrés por aburrimiento, también conocido como *síndrome de Boreout;* un aburrimiento crónico por no tener nuevos retos o situaciones desafiantes y motivantes. En ese entonces no sabía que tenía esto y no supe cómo manejarlo, así que la situación se prolongó más de lo debido. No actualicé mi currículum, no hice llamadas, no busqué convocatorias, no tenía ganas de hacerlo aunque sabía que tenía que hacerlo. Vivía en conflicto interno, por un lado sabía lo que debía hacer, pero no lo hacía; y el temor crecía más y más. Pasaron meses y comenzó a crecer una inseguridad en mí, pensaba que no era lo suficientemente capaz de encontrar trabajo o incluso de no desempeñarme bien en un empleo, pese a que meses antes había superado varios desafíos laborales. Obviamente había otras situaciones más que me estaban afectando, pero es un ejemplo de cómo la ansiedad puede invadir otras áreas de nuestra vida de forma progresiva.

Conocer esta diferencia nos ayudará a determinar cuándo es necesario contener el estrés y cuándo este se ha prolongado demasiado y contener ya no es suficiente, y solo queda mitigar hasta lograr controlar la ansiedad; que es un proceso mucho más largo y requiere de apoyo externo como un amigo o un profesional psicólogo. Tener las herramientas necesarias para controlar el estrés puede prevenir que generemos ansiedad, aunque la ansiedad no es el único efecto negativo que podrías desarrollar.

1.15. Impacto del Estrés sobre la Salud

Recordemos que en la respuesta de nuestro organismo al estrés intervienen los siguientes elementos: el eje hipotálamo-hipofisiario-suprarrenales, el sistema nervioso autónomo (la parte simpática) y el sistema inmune.

El estrés se inicia con la *percepción*, que es una interpretación; es decir, la realidad *que yo creo que es*, no es la realidad, sino mi interpretación de la realidad. Al *percibir* una situación estresante, lo primero que ocurre es un cambio de conducta y de hábitos, adoptando *conductas compulsivas no sustitutivas*, como fumar, comer o beber más, por ejemplo, constituyendo esto la segunda etapa del estrés. Si no controlo mi situación de estrés aparecerán síntomas físicos y psicológicos que afectarán a cada quien de manera particular, pudiendo presentar: dolores de cabeza, alteración de la concentración, del juicio, de la memoria, miedo prolongado o estado de alerta (cuando te asusta cualquier cosa), insomnio, dolores musculares, acidez gástrica, entre otros. Generalmente, aparecen manifestaciones físicas y emocionales, que son denominados *síntomas*, que si no controlamos van a terminar siendo una *enfermedad crónica* (López D., 2016).

1.16. Conclusión

El miedo, el estrés y la ansiedad son emociones que siempre han coloreado el más creíble de nuestros anhelos: ¡Aferrarnos a la vida, aunque tengamos que luchar todo el tiempo por ese algo que no conocemos! Es así como vemos a la primera de las emociones, *el miedo*, el cual nos impulsa a luchar o huir de todo aquello que amenace la inmediatez de nuestra existencia. Luego estudiamos las manifestaciones del *estrés* como respuesta adaptativa de nuestra cotidianidad, la cual busca un equilibrio de todos nuestros sistemas vitales para sobrevivir y mantener la salud, pero cuando este equilibrio no se logra puede producir enfermedades físicas y mentales. De igual forma, la *ansiedad* como una respuesta normal para la adaptación a la vida y al mismo tiempo como una respuesta al estrés, nos permitía planificar de mejor forma nuestra actitud y acciones; pero cuando no es atendida y se mantiene prolongada, nos podría conducir a un cuadro de ansiedad generalizada y en algunos casos provocar *ataques de pánico*.

Si ya has llegado hasta aquí, créeme que ya estas desarrollando herramientas básicas para manejar el estrés. Quiero que entiendas que existe un ciclo, que nada se da así de repente, y que la próxima vez que tengas estrés por algo, sepas que pertenece a un ciclo y que no debes de eliminarlo sino contenerlo para que no avance y más bien usarlo a tu favor. No parto de la idea de eliminar el estrés porque eso no tiene sentido. El estrés debe ser tu mejor aliado, es el GPS que te advierte del camino que se aproxima para tener un mayor desempeño. Es cierto que en algunos casos, como el estrés crónico, sea necesaria medicación, pero si te recuperas y no cambias tu estilo de vida es probable que vuelvas a desarrollar estrés crónico; por lo que depender únicamente de fármacos solo mitiga el estrés, pero no lo contiene ni te permite usarlo a tu favor. Nuestro cuerpo es tan maravilloso que solo necesitas de la actitud y enfoque correctos, y verás que muchas cosas se irán dando como resultado del trabajo y manteniendo el equilibrio. Tienes la capacidad y la voluntad necesaria para alcanzar todas tus metas.

1.17. Actividad

Quiero que tomes un papel y escribas aquello que te da temor, aquello que te está preocupando; luego, anota debajo una lista de al menos cinco o diez cosas en lo que tú eres muy bueno, hazlo de forma libre, aunque no tenga relación alguna. Finalmente, escribe tres argumentos utilizando la anterior lista de cosas en las que eres bueno y cómo algunas de estas habilidades pueden ayudarte a resolver o prevenir aquello que te está causando algún temor. Elige tres o cinco de estas habilidades. Te dejare un ejemplo mío para que puedas hacer el tuyo.

1. ¿Qué me está preocupando?

Tengo miedo de fracasar en mi tesis.

2. ¿En qué cosas soy bueno?

1) Soy bueno motivando a las demás personas.
2) Soy bueno escribiendo.
3) Soy bueno analizando.
4) Soy bueno leyendo.
5) Soy bueno escuchando.
6) Soy bueno diseñando en Photoshop.
7) Soy bueno haciendo mapas conceptuales.
8) Soy bueno enseñando.
9) Soy bueno analizando los slogans de los comerciales.
10) Soy bueno con los videojuegos.

3. ¿Cuáles de estas habilidades puede ayudarme a resolver aquello que me está causando preocupación?

Puedo elegir el tema de mi tesis relacionado a los slogans (9) de las publicidades sobre videojuegos (10) de coches. Puedo hacer entrevistas grabadas a profesores y amigos sobre su percepción, ya sea de los slogans o de los videojuegos, porque me encanta escuchar a las personas (5). En base a toda la información, que me han dado, puedo leer algunos libros sobre el tema (4) y crear mapas conceptuales (7) para ordenar la información y tener sobre qué escribir mi tesis.

Capítulo 2.
Sistema Inmune

Si tienes una actitud positiva y constantemente luchas por dar tu mejor esfuerzo, paulatinamente superarás tus problemas y te darás cuenta de que estás listo para afrontar desafíos más grandes.
Pat Riley

Distintas investigaciones han revelado que los sistemas nervioso, endocrino e inmune se comunican a través de un mismo lenguaje, usando las mismas hormonas y sustancias químicas, como las citocinas y neurotransmisores, entre otras sustancias químicas del cuerpo. Normalmente, esta comunicación permite mantener un equilibrio o estado de adaptación adecuado a las condiciones ambientales internas y externas del organismo, lo que se va a traducir en un buen estado de salud.

La *Psiconeuroinmunoendocrinología*, conocida también por su sigla PNIE, es una disciplina integral que estudia la relación entre los sistemas nervioso, hormonal, inmune y de la conducta humana. En esta disciplina, de creación reciente, aunque el psicólogo Robert Ader ya había acuñado el término de psiconeuroinmunología en 1970, intervienen varias áreas como la psicología, la biología, la medicina, la sociología, entre otras. Desde hace varias décadas se han estado haciendo investigaciones para demostrar las interacciones de estos sistemas, los cuales se evaluaban separadamente en su funcionamiento; pero recientemente se empieza a comprender la interacción del cerebro con los sistemas nervioso (central y autónomo), endocrino e inmune.

Estos sistemas producen hormonas, células (citocinas, linfocitos, por ejemplo), neurotransmisores y otros tipos de sustancias que mantienen el equilibrio de los medios interno y externo del organismo (Moscoso, 2009). Anteriormente, al desequilibrio entre mente y cuerpo, se lo denominaba enfermedad psicosomática.

La cadena del estrés se inicia con la percepción, la cual interpreta cuál es nuestra realidad en un momento determinado; luego, esta percepción va a determinar una serie de conductas o modificaciones en nuestros hábitos para responder a esta realidad percibida. Posteriormente, estas respuestas en nuestro organismo pueden causar síntomas físicos y psicológicos, que pueden originar una enfermedad, si la realidad que fue percibida se interpreta como una amenaza o agente estresante a lo largo del tiempo.

Un ejemplo de esto podría ser cómo dos personas interpretan la realidad de una crisis económica. En este caso la realidad percibida por cada una de ellas, va a variar muchísimo dependiendo de varios factores, como por ejemplo, su nivel de conocimientos, el ámbito socioeconómico, su cultura, sus expectativas, la experiencia personal con crisis anteriores, los sentimientos, la edad, entre otros factores. También, el grado de optimismo o desesperanza que posean estas personas ante una crisis va a determinar su visión y respuesta (o cambio de hábitos). Así vemos que si la persona es optimista y percibe que la crisis es una oportunidad para su crecimiento personal, entonces va a usar todas las estrategias posibles para afrontarla adecuadamente; de repente, trabajando desde otro enfoque, siendo más creativa y proactiva, explorando algunos emprendimientos que van a mejorar su nivel de ingresos, diversificando sus ingresos así tenga que modificar algunos hábitos como organizar mejor el tiempo, ahorrar más, despertar más temprano. Eso dependerá de su manera de hacer frente a esa realidad para la cual se esté preparando. En cambio, si la persona es pesimista, va a ver a la crisis como un evento catastrófico, de forma reactiva, significando una derrota personal, lo que no va a aportarle nada positivo; sino más bien, va significarle una pérdida de recursos y de oportunidades, lo cual podría producirle estrés, ansiedad y hasta depresión, entre otros sentimientos negativos, que si se mantienen en el tiempo le pueden causar enfermedades físicas por afectar su sistema inmune.

Numerosas investigaciones han revelado que las enfermedades más frecuentes que pueden ocasionar el estrés, así como otras emociones negativas, como la ansiedad y la ira, son: las arritmias cardíacas, la hipertensión arterial, dispepsias y gastritis, dermatitis, dolor muscular, jaquecas, insomnio, entre otras patologías. Algunos estudios implican al estrés con el riesgo de padecer enfermedades del sistema inmune como el cáncer, las enfermedades reumatológicas como el lupus y la artritis reumatoide (Piqueras Rodríguez et al., 2009). Aunque no se ha determinado a ciencia cierta la causa exacta de la parálisis facial, en muchos casos se ha dado en pacientes que sufrieron un nivel de estrés cercano a la ansiedad que afectó sus nervios. De hecho, conozco dos casos de compañeros de trabajo que sufrieron esto: uno tenía que lograr la ejecución presupuestaria de un conjunto de proyectos y por algunos factores externos a su capacidad, alcanzar esta meta como gerente le fue difícil; y el otro también se estresó por no conseguir empleo, después de haber renunciado a su anterior trabajo, para tener más tiempo con su familia.

En fin, respecto al tratamiento del estrés, se pueden considerar varios tipos: médico (tratamiento con fármacos), psicológico (conductuales y cognitivos) y filosófico-espiritual, que es uno con muchas ventajas a largo plazo, y en mi caso, profesar la fe cristiana me ha ayudado bastante. Para fines de este libro, en los últimos apartados, te facilitaré algunas estrategias cognitivas y conductuales de autoayuda para que puedas gestionar todas las situaciones estresantes que te puedan estar afectando.

En los últimos años se han efectuado interesantes estudios desde la PNIE sobre los efectos del estrés y la ansiedad, y su influencia con los estilos de vida del individuo y las relaciones sociales, que arrojaron información relevante. Recuerda que el estrés *es una respuesta fisiológica normal* para enfrentar alguna situación que pueda *amenazar nuestra vida*, producida por estresores del medio ambiente interno (como una reducción de los nuestros niveles de azúcar o una quemadura, por ejemplo) y del medio ambiente externo (una pelea intrafamiliar o quedarnos desempleados). Cuando reaccionamos oportunamente frente a los estresores o eventos adversos, se puede controlar rápidamente la actividad estimuladora del eje hipotálamo-hipofisiario-suprarrenales, el cual libera las hormonas y sustancias químicas necesarias para aumentar nuestros latidos cardíacos, respiración, presión arterial, niveles de azúcar, entre otros efectos, que nos permitirán prepararnos para luchar o huir rápidamente del estresor amenazante. Pero cuando no podemos responder de forma oportuna y satisfactoria a estos estresores, sean del tipo que sean, por no poseer en ese momento los recursos necesarios para afrontarlos, entonces se origina una sensación *de frustración e insatisfacción* que van a mantener una estimulación prolongada del eje hipotálamo-hipofisario-suprarrenales, lo cual va a provocar su agotamiento, con disminución de las hormonas y sustancias necesarias para hacer frente a otras situaciones productoras de estrés de la vida diaria, especialmente en esta época donde existen muchas presiones sociales, económicas, políticas o familiares.

Otras investigaciones mencionan que el estrés puede producir daño neuronal por efecto de los glucocorticoides que se mantienen elevados por varios meses, es decir, de forma crónica; lo que produce muerte de neuronas del hipocampo, por lo que es importante solucionar el estado de estrés y evitar que se prolongue. Otro daño neuronal del sistema nervioso central, puede estar dado por alteraciones como la hipoglicemia (reducción del azúcar en sangre), las anoxias (deficiencias del oxígeno hacia las células) y los accidentes cerebrovasculares (Barattucci, 2011). A continuación voy a desarrollar algunas definiciones, no quiero ponerme académico, solo quiero que te familiarices con algunos elementos fundamentales involucrados en nuestro día a día, como es el caso del sistema inmune.

2.1. Definición de Sistema Inmune

Todos nosotros contamos con un equipo que siempre nos cuida y es el *Sistema Inmune*; un sistema que posee el organismo para la preservación de su identidad biológica, mediante la respuesta inmune. Este último se puede definir de la siguiente forma:

La Respuesta Inmune es el mecanismo de defensa que posee el organismo para protegerse contra microorganismos, sustancias extrañas o de sus propias células enfermas.

Nuestro sistema inmune está constituido por órganos y tejidos que se van a encargar de defendernos de microrganismos como bacterias, virus, hongos, parásitos y todos aquellos agentes extraños que pueden producirnos daño.

Este sistema también preserva nuestra *identidad biológica*, porque posee la capacidad de reconocer a nuestras células como propias y no confundirlas con elementos extraños a nuestro cuerpo, porque de lo contrario, las destruiría (como pasa con los cánceres y tumores, por ejemplo).

2.2. Tipos de Inmunidad

La inmunidad es la capacidad que desarrolla el organismo para protegerse de una infección y para su estudio se la ha clasificado en dos tipos (Mata, 1994):

a) Inmunidad Innata: Es la protección que adquiere el organismo, gracias a la primera línea de defensa que tiene contra agentes o microorganismos infecciosos nocivos constituida por:

- **Barreras**: La piel, mucosas, lágrimas, la saliva, mucosidades respiratorias, jugos gástricos, la temperatura corporal, entre otras.
- **Elementos celulares de la sangre**: Principalmente se tienen a los monocitos, macrófagos, células asesinas naturales o natural killer (NK), citoquinas, sistema de complemento sanguíneo.

Un ejemplo de este tipo es cuando nos hacemos una herida con algún objeto cortante, aquí la piel funciona como una barrera protectora, porque actúa rápidamente para que no entren microrganismos al cuerpo a través de la herida con la coagulación de la sangre y cicatrización.

b) Inmunidad Adquirida: Es la protección que logra el organismo contra microorganismos o agentes infecciosos mediante el uso de la memoria inmunológica. La memoria inmunológica es la información que guarda el sistema inmune cuando ha estado previamente expuesto a algún agente nocivo. Si el organismo adquiere esta inmunidad y se expone nuevamente a estos agentes dañinos, su capacidad de memoria inmunológica evita que desarrolle la enfermedad infecciosa; o si se infecta, no va a tener síntomas, es decir que la persona es asintomática. Se compone básicamente por:

- Los Linfocitos T.
- Los Linfocitos B.

Un ejemplo de este tipo de inmunidad lo experimentamos cuando nos administran vacunas -sí, cuando eras niño y te escapabas al ver personas de bata blanca en tu puerta haciendo campañas de vacunación-. Introducían, por ejemplo, el sarampión a tu cuerpo pero en un estado, digámoslo así, débil, para no afectar gravemente tu organismo y facilitar la reacción de tu sistema inmune adquiriendo datos para recordarlos más tarde y tener la fórmula para defenderte.

2.2.1. Enfoque biopsicosocial

En vista de las sospechas que la comunidad médica viene teniendo, desde hace varias décadas, sobre la influencia de la forma de pensar de los individuos sobre su salud, es que algunos especialistas plantearon el enfoque biopsicosocial de las enfermedades, en el cual se consideran la influencia de varios factores, como los biológicos (o genéticos), psicológicos y del medio ambiente, dentro del cual se incluyen los factores sociales, económicos, geográficos, educativos, laborales, entre otros, como se muestra en la figura:

Figura 2

Enfoque biopsicosocial de las enfermedades

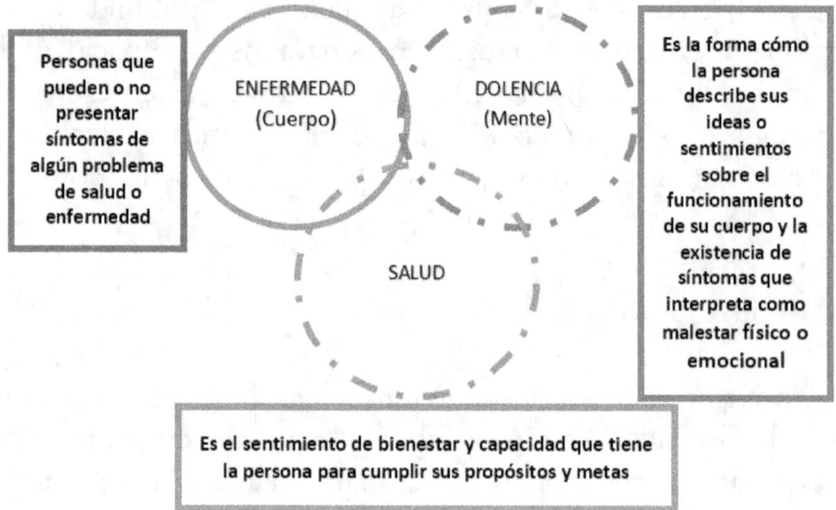

Salud, enfermedad y dolencia. Adaptación de Stewart M, Brown J, Weston W, McWhinney I, McWilliam C, Freeman T. Patient-Centered Medicine: Transforming the Clinical Method.

Aquí notamos la relación existente entre dolencia, enfermedad y salud de una persona. En primer lugar, debe entenderse la manera de cómo una persona puede sentir o percibir el funcionamiento de su cuerpo y la existencia de síntomas que ella misma puede interpretar como malestar (físico o emocional). Esto representa las expectativas reales del paciente. En segundo lugar, en el caso que la persona tenga el sentimiento de haber alcanzado un estado de bienestar, con el logro de metas y propósitos planteados en un determinado momento de su vida, podemos afirmar que la persona está saludable, es decir, que está libre de enfermedad o dolencia. En tercer lugar, si el paciente o el personal de salud detectan manifestaciones o síntomas de algún problema de salud, se puede decir que la persona está enferma, es decir que no tiene salud ni bienestar (Cuba-Fuentes, et al., 2016).

Este enfoque, que a su vez es llamado holístico o integral, no es usado por muchas disciplinas de la salud, que todavía creen que el paciente es una máquina biológica; pero la evidencia científica ha aportado datos sobre lo importante que es para un profesional la comprensión de la interacción que ejercen sobre el ser humano los siguientes factores:

a) Factores biológicos (o genéticos): Edad, sexo, peso, estatura, grupo sanguíneo, antecedentes hereditarios para algunas enfermedades, entre otros.

b) Factores psicológicos: Creencias, tipos de personalidad, motivaciones, emociones, espiritualidad.

d) Factores ambientales: Características físicas, químicas, meteorológicas del medio ambiente donde habitamos; los factores sociales y políticos; y la comunidad en redes sociales.

2.3. Conclusión

En una colaboración para el blog Neurociencia-Neurocultura, Tomas Alvaro, le das voz propia al sistema inmune, esa «especie de cerebro periférico» cuyo trabajo consiste en conocer todo lo que sucede en cada parta del cuerpo. En este texto, en el que parece que nuestro propio sistema inmune nos habla con una simplicidad y emoción que conmueven, el autor hace un ameno, pero por eso no exhaustivo, recorrido por sus componentes, relaciones y funciones:

Resido en tus órganos linfoides, en tus amígdalas, en tus ganglios linfáticos, en tu médula ósea y permanezco atento transitando por tu sistema circulatorio de forma incansable... nunca hago nada por mi cuenta, sino que estoy a tus órdenes, para hacerte vivir y aprovechar las oportunidades que la vida te da, ya sean dolorosas, como cuando sufres una infección o un tumor, o cuándo son dichosas, como cuando comes tu plato favorito o haces el amor.

Mis cartas de poder son conocidas como citocinas y son los mensajeros que llevan la orden de trabajo de los linfocitos. Tengo muy buenos amigos e incluso algunos de ellos muy melosos, especialmente tu sistema hormonal endocrino, con el que siempre estoy abrazado. Los dos estamos siempre atentos a las órdenes de tu sistema nervioso, que continuamente nos habla (Alvaro, 2021).

Y es que, como vimos a lo largo de este capítulo, es el sistema inmune el encargado de recibir, decodificar y responder adecuadamente a los estímulos y/o amenazas que percibimos, ya sean externas o internas. Es en este sentido que Alvaro afirma que semejante a los otros sentidos, el sistema inmune es el encargado de informar al cerebro sobre aquellas cosas que no se pueden ver, tocar, degustar, oír ni oler para poder «trabajar en armonía». De esta forma, los sistemas nervioso, endocrino e inmune, encarnan en el cuerpo el proceso de la conciencia.

Por otro lado, nos recuerda las distintas capacidades con las que cuenta nuestro sistema inmune: «aprendizaje, memoria y evolución», que le permiten no solo aprender «parámetros afectivos y cognitivos», sino que también, puede transmitir ese aprendizaje a cada célula del cuerpo. También nos llama la atención sobre algunos problemas de comunicación que se pueden presentar y generan «graves conflictos» dándonos esos «problemas» que llamamos «alergia o autoinmunidad».

Claro que con el paso de los años, nuestro sistema inmune se va haciendo viejito y le cuesta más hacer su trabajo; pero el poderoso mensaje que nos deja este texto y con el que me gustaría cerrar este capítulo es que siempre es cómo vivimos la clave para mantener sano nuestro sistema inmune y por la tanto, nuestro cuerpo. Si queremos llevar una vida plena, tenemos que decidir vivir bien.

Capítulo 3.
Administrar el tiempo

Nunca hay suficiente tiempo para hacerlo todo, pero siempre hay suficiente tiempo para hacer lo más importante.
Brian Tracy

Administrar el tiempo es la mejor forma de prevenir el estrés, recuerda que mi objetivo es que estés preparado para abordar el antes, el ahora y el después. Administrar es una palabra habitualmente relacionada a las organizaciones, sin embargo, administrar responde a un principio de mayordomía que se basa en asumir las responsabilidades, ya sea de una organización, el medio ambiente o de uno mismo. Para esto debemos ser conscientes que, como seres humanos, tenemos varias áreas de desarrollo personal (algunas más desarrolladas que otras) que podría clasificar de la siguiente forma: área emocional, área financiera productiva y área espiritual. Sobre el área emocional hablaré más adelante. Del área espiritual pienso que cada quien debe elegir una forma de crecer en ese pilar que es fundamental ya que de él dependerán muchas de nuestras decisiones y en mi caso, como ya mencione, yo trabajo en mi área espiritual estudiando y tratando de aplicar principios bíblicos a mi vida. Pero en este apartado quiero comenzar hablando de algunos hábitos que me han permitido administrar de mejor forma mí tiempo y desarrollar mi área productiva financiera.

3.1. ¿Eres proactivo o reactivo?

La primera vez que escuche hablar de estos conceptos fue por el autor Stephen Covey. Comprender esto cambio demasiado mi vida y me hizo protagonista de la misma, pero primero debo contarte como era yo antes.

Cuando estudiaba psicología hablábamos mucho de cómo la infancia afectaba la vida adulta y, que en esa etapa, la responsabilidad principal recaía en nuestros padres o cuidadores. En aquel tiempo, responsabilicé de muchas cosas a mis padres, desde cómo me habían criado hasta cómo sus decisiones influyeron en mi autoestima. Fue una fase que me sirvió para tomar conciencia de los efectos que tienen las decisiones de otras personas sobre uno mismo. Con esto no quiero culpar a la psicología ni decir que actualmente tenga resentimiento hacia mis padres. Pero en ese entonces tenía una mirada crítica hacía mi familia, que se fue expandiendo a otros aspectos relacionales y político-sociales de mi vida; echándole mucha culpa a los políticos por todo lo que pasaba en el país y en mi vida.

Comencé a trabajar como voluntario en una institución cristiana con un crecimiento muy veloz, lo que generaba que los líderes nos plantearan objetivos grandes para alcanzar. Muchas veces no lográbamos alcanzarlos y cuando mis superiores me pedían resultados yo siempre comenzaba mi respuesta diciendo «es que esto…es que aquello…». Tenía escusas para todo: que no me alcanzaba el tiempo, mi situación económica, problemas personales y sentimentales, etcétera. Por otro lado, me comprometía a muchas cosas y terminaba haciendo muy poco. Algunas personas dejaron de confiar en mi palabra ya que solía comprometerme a algo y luego no lo hacía; excepto mis líderes en la organización, que siempre confiaron y creyeron en mí, incluso cuando yo mismo desconfiaba de mí.

Cuando escuché esta forma de clasificar en dos grupos a

las personas, me identifique con la persona reactiva. En este grupo de personas están, podría afirmar con certeza, gran parte de la humanidad. Son personas que reaccionan a su entorno, que pasan por la vida mirando y observado lo que hacen los demás. Siempre están hablando de lo que hicieron otras personas, sus amigos, familiares, conocidos, vecinos, políticos y personas famosas. Suelen ser muy críticos con las acciones de los demás y al posicionarse en esta situación se ven como víctimas de las decisiones de otras personas o del universo mismo. Aunque suelen ser buenos observadores y prestos para hablar, su actitud en la vida es de pasividad.

Siempre cuestionan las metas que se ponen los demás. Si vas al gimnasio te dirán que te estás perdiendo de la *buena vida*; si estudias y aprendes muchas cosas te dirán que *eres un aburrido*; si te dedicas a emprender algún negocio te dirán que *te están estafando o te van a estafar*. Buscan aspectos negativos de los emprendimientos de los demás. En el trabajo solo se limitan a hacer lo que le solicitaron sus superiores. En la universidad solo estudian para el examen sin aprender otras cosas. Si el gobierno pronuncia una medida, ellos siempre cuestionan sus decisiones. Son más críticos con las otras personas que con ellos mismos. Siempre reaccionan a lo que hacen los demás y principalmente a los que están encima de ellos sin preguntarse del porqué de las decisiones que toman, sino buscando errores.

Del otro lado están las personas proactivas, son aquellas que están más concentradas en su propio crecimiento, y al hacerlo, promueven el crecimiento de los demás. Son autocríticas y sus decisiones están destinadas al crecimiento y desarrollo en todas las áreas. También son personas conscientes de los procesos en los que intervienen sus acciones y esto les hace adelantarse a los sucesos para estar preparados. También les interesa aprender de las necesidades de los demás, ya sea en la familia, trabajo y relaciones de amistad. Tratan de cubrir las necesidades de los demás sin abandonar sus propias necesidades. Formulan proyectos y desafíos e incorporan a los demás para que sean parte de ellos.

Siempre están provocando que sucedan las cosas y no suelen ser pasivos sino activos en su cotidiano vivir. Tienden a hacer planes y a ejecutarlos y eso hace que las personas reactivas reaccionen a sus decisiones. Suelen tener liderazgos intermedios sin necesidad de tener cargos altos. Tienen mayor influencia en las organizaciones y empresas de las que son parte. Se desafían ellos mismos y eso desafía a los demás. Son gente soñadora y hacedora de su realidad y asumen la responsabilidad de su propia existencia; y cuando son líderes, asumen la responsabilidad de las acciones de todo su equipo.

La mayoría de la gente es reactiva porque es un lugar cómodo, de confort, ya que no asumen responsabilidades, pero a la vez, es la gente que menos libertad tiene, con poco poder para tomar el control de sus vidas, dejando esa responsabilidad a otros. Reflexiona sobre qué clase de persona deseas ser de aquí en adelante.

3.2. Procrastinar

Quizá seas como yo, alguien soñador con muchas ideas. Hay momentos en los que puedo tener una hiperactividad mental increíble. Cuando estaba en la universidad solía tener varias ideas de proyectos para realizar, lo malo era que cuando comenzaba a realizarlos, la emoción se me iba muy rápido; empezaba muchas cosas y no las terminaba. En parte era normal ya que estaba en una fase de exploración de mis capacidades, pero pasaba el tiempo y me decía a mí mismo, que a pesar de tener muchas ideas, no lograba concretar nada y eso me frustraba.

No tenía una buena focalización, era muy disperso y distraído por tener tantas cosas en la cabeza. Respondía a las obligaciones de la universidad, pero no a mis propios proyectos personales. Un día me puse a leer las ideas que escribía con fecha y me di cuenta que habían pasado cuatro años desde que las había pensado.

Un proyecto que tenía era aprender algunos movimientos de break dance. Había aprendido algunos que me enseñaron unos amigos que eran muy buenos en eso y yo quería aprender las cosas que hacían, paralelamente me gustaba escribir canciones. Cuando vi que habían pasado cuatro años desde que me había desafiado a aprender esos movimientos tuve que ser sincero conmigo mismo. Me hice la pregunta: «¿Ben, han pasado años y no has hecho algo para desarrollar esas habilidades, crees que realmente lo harás algún día o solo fue la emoción del momento?» Y mi respuesta fue: «Me gusta pero no me apasiona mucho». Entonces me pregunté: «¿Qué te apasiona más?» y me dije «Escribir canciones». Recordé el consejo de un amigo que me dijo, cuando se iba del país a alcanzar sus propios sueños: «A veces es necesario sacrificar los sueños pequeños para alcanzar los sueños grandes». Así que me sincere conmigo mismo y llegué a la conclusión que si hasta ese entonces no había tenido un avance, siquiera para alcanzar un nivel básico de break dance, entonces lo más seguro es que no lo haría más adelante y más si ya habían pasado cuatro años.

Ese día me deshice de los videos y todo lo relacionado a eso y me concentré en escribir canciones para no verme tentado a internarlo una vez más, ni para pensar más eso. Mi voluntad se dividía en dos y era necesario sacrificar una para logra la otra y así fue. Sentí como me liberaba de algo y me permitía avanzar más ligero hacía adelante. El haber sacrificado ese deseo me hizo tomar más en serio mi otra pasión por escribir canciones. El resultado fue que escribí muchas canciones y grabé varias de ellas, incluso logré sacar un disco años más adelante.

Desde entonces aprendí a ser sincero conmigo mismo en ese aspecto, si algo no lograba moverme de mi asiento para tomar acción, ya no dedicaba más pensamientos a eso y me dedicaba a lo que sí me motivaba. Tanto así que me hice una propia regla, quizá radical, pero me funcionó mucho. Cuando una nueva idea se me presentaba y quería hacerla realidad, solía evaluar el tiempo en que pensaba en esa idea, y si pasaban dos o tres meses sin ejecutarla, la desechaba de mi mente y de mi agenda. De esta forma me liberaba de frustraciones innecesarias que solían hacerme sentir mal.

Quizá en tu caso esto sea diferente, pero quiero que pienses y seas sincero contigo mismo, hay cosas que has deseado hacer, pero nunca has hecho que avancen, o peor aún, nunca has movido algo para ejecutar esa idea. Es un poco radical y a veces doloroso, pero tienes que aprender a tomar esas decisiones. Si dedicas mucho tiempo pensado en hacer algo, estás invirtiendo tu energía mental y esa energía tiene que tener un resultado y no solo quedarse en tu cabeza. Hazte una regla propia y ponte tiempos y plazos para lograr las cosas y si no avanzas en ese tiempo, déjalo. Yo sacrifiqué muchas cosas. Y si estás leyendo o escuchando ese libro es porque sacrifiqué muchos sueños pequeños para lograrlo. Yo sé personalmente lo que es estar cargado de frustraciones personales y cómo esto nos llena la mente de inseguridades por no poder lograr las cosas y de esto voy a hablarte continuación.

3.3. Frustración

Si te planteas una meta grande y no la consigues, sentirás una frustración grande. La frustración es proporcional al tamaño de tus aspiraciones. Con esto no quiero decir que no sueñes en grande sino al contrario. Tus metas deben ser alcanzables. Por eso es importante dividir la meta en varias actividades que se vayan sumando día tras día para completarlas.

La frustración es la imposibilidad de satisfacer una necesidad o un deseo. ¿Pueden existir frustraciones grandes o pequeñas? En cierta forma sí, pero es en relación a nuestras aspiraciones y necesidades. La frustración es proporcional al tamaño o grado de importancia de nuestra aspiración. Sentiremos esta sensación en varias ocasiones de nuestra vida y diferentes áreas de nuestra personalidad. Los que suelen ser perfeccionistas como yo, puede que sientan frustración en varias ocasiones y es algo que hay que saber manejar.

Suelo ser alguien que planifica y se organiza para conseguir algo, pero no siempre puedo lograr todo aquello que me propongo. Me molesta cuando algo no sale como lo planeé y esta es mi primera forma de reaccionar ante la frustración.

La vida es así, no siempre saldrán las cosas como las planeamos. Recuerdo una vez cuando fuimos a encuestar en varios pueblitos, éramos foráneos, pero habíamos planificado realizar el trabajo en dos semanas. Hicimos un cronograma de visitas y creo que cuando fuimos al primer pueblo, el líder comunal no nos dejó realizar nuestro trabajo; y claro, no le habían informado que visitaríamos el lugar, se puso grosero con nosotros y no quiso hablar. Recuerdo que me cerró la puerta de su casa en la cara. Fue una de las primeras experiencias cuando comencé a trabajar en consultoría. Me frustró mucho esta situación, sin embargo, algunas familias accedieron a brindarnos información, pero no logramos recabar la suficiente.

Hay frustraciones que pueden deberse a factores externos, pero también existen factores que dependen de nosotros. Cuando nos proponemos realizar algo y no lo conseguimos sabiendo que teníamos todo para hacerlo, se genera en nosotros frustración y culpa. Es aquí cuando nacen pensamientos negativos sobre nosotros. Pon atención a esto ya que puede afectar a tu autoestima. Hay algo en lo que eres bueno y debes desarrollarlo y no concentrarte en querer alcanzar lo que otros logran. Concéntrate en lo tuyo y desarrolla tus talentos; y animándote cada día, lograrás avanzar poco a poco hacia tus metas personales.

Si tienes que leer un libro de 400 páginas en un mes, divide esa cantidad en 30 días, el resultado es de aproximadamente 13 o 14 paginas diarias, entonces le dices a tu cerebro que el día de hoy solo tiene que leer 14 páginas y una vez que lo hagas te sentirás satisfecho por lograr esa meta diaria en vez de preocuparte por leer un libro grande. Tener una meta diaria y lograrla te hará sentir más animado cada día. Por eso debes ser bien específico en tus metas, poniendo fecha y cantidad, de forma que pueda ser medible y alcanzable.

3.4. Lo Urgente te distrae de lo verdaderamente Importante

Solemos pensar que lo urgente y lo importante son lo mismo, ya que requiere de nosotros mayor atención, pero de hecho son cosas diferentes y el entender esta diferencia nos va a permitir tomar decisiones rápidas y correctas. También existe algo que se llama el *Triángulo del Caos* que muestra como solemos entrar en caos cuando tenemos muchos pendientes por estar desorganizados.

Comencemos definiendo lo que es importante. Se podría decir que es aquello a lo que nosotros le damos un alto valor debido a la gratificación que obtendremos al conseguir ejecutar esa tarea. Cuanto más importante es algo, la finalización de esa tarea te acerca mucho más a tu meta. Si el resultado de no ejecutar esa acción es perjudicial, estamos ante una tarea importante.

Lo importante tiene un carácter subjetivo, un tercero podría decir que determinada cosa es importante para él, sin embargo para ti no. Por otro lado la sociedad puede considerar algo como importante, pero no significa que tenga que ser importante para ti y también va a depender de otros factores como la etapa en la que estés en tu vida, tu género, tus valores, cultura, etcétera. Puede que algunas cosas que antes no eran importantes para ti, con el tiempo sí lo sean. Por ejemplo, para mí no era muy importante afiliarme a un seguro de pensiones, pero a medida que pasaron los años comencé a hacer mis aportes de forma voluntaria e independiente.

3.4.1. Qué es lo urgente

Lo urgente está asociado a tareas que tienen una fecha límite para ser ejecutadas. Cuanto más cerca se encuentre esa fecha límite, más urgente es la tarea. Pueden ser imprevistos que surjan y requieran ser solucionado de forma inmediata. Sin embargo, no todo lo urgente es muy importante.

Si tienes dos tareas que requieren ser ejecutadas, la que tenga fecha límite más cercana es la más urgente. Por otro lado, si estamos ante dos tareas con misma fecha límite, la que tenga mayor volumen de trabajo es la más urgente. A medida que se pospone una fecha límite, la tarea empieza a perder urgencia, pero si la tarea resulta crecer en volumen, se vuelve más urgente. Entonces, si una tarea no tiene una fecha límite definida, jamás será urgente. Toda tarea será en realidad un poco urgente en cuanto le asignemos una fecha tope de ejecución.

3.4.2. Diferenciar lo importante de lo urgente

Lo que debemos pensar es en el impacto que tendrá el ejecutar o posponer una determinada actividad. También debemos valorar si ejecutar esa tarea es una distracción, ya que el objetivo central es incrementar nuestra productividad personal. Pero ya tenemos claro que algo importante está relacionado a sus efectos y que lo urgente está ligado a la necesidad de llegar a tiempo.

Es recomendable hacer una pausa en el ajetreado día para definir y clasificar nuestras tareas, esto nos va a permitir reducir el estrés y tener más control de nuestro tiempo. Una técnica que ayuda mucho en la priorización de tareas es la *Matriz de Eisenhower*. Se basa en un cuadrante que permite clasificar nuestras tareas en lo importante o no importante por lo urgente y no urgente. Este cuadrante es dinámico ya que las tareas pueden moverse dentro de la matriz a lo largo del tiempo. Me he permitido hacer una modificación sugiriendo las decisiones que debes tomar con cada cuadrante.

Figura 3

Matriz modificada de Eisenhower

	Importante	No importante
Urgente	- Crisis o emergencias. - Tareas con fecha limite cercana, como las académicas, financieras o del trabajo. - Enfermedad o accidente de un familiar.	- Tareas de atención con plazo de entrega prolongado o de menor volumen. - Llamadas o charlas de compañeros de trabajo, amigos o familiares en tu horario de productividad.
	Tomar acción inmediata	Agendar
No urgente	- Nuevas ideas y proyectos. - Aprender nuevas habilidades. - Conocer nuevas personas. - Instalar nuevo software, extensiones o aplicaciones.	- Redes sociales de entretenimiento. - Definir detalles o formatos. - Conversaciones tóxicas o con gente conflictiva, haters.
	Delegar	Desechar o posponer

¡Lo muy importante y más urgente hay que hacerlo ya! Si algo es importante, pero es menos urgente podemos agendarla para después. Hay tareas que no son demasiado importantes, pero que son urgentes así que podemos delegarlas o pedir apoyo para que otra persona lo haga. Finalmente, hay cosas que no son ni importantes ni urgentes, así que debemos reflexionar si realmente las tenemos que cumplir o quizás no nos corresponde a nosotros ejecutarla, o podemos dejarla guardada para cuando requiera más urgencia o importancia y pasarla a otro cuadrante.

3.4.3. Cómo enfocarte en lo importante: aprende a priorizar

Cuando las prioridades están claras, las decisiones se hacen fáciles. Te sugiero que hagas una lista de todas las cosas que tienes que hacer en la siguiente semana anotando con una lluvia de ideas todo lo que tengas pensado. Yo suelo tomar papeles pequeños y un marcador. Anoto todas las cosas que están en mi cabeza y para mí esto es muy liberador; la sensación que tengo en ese instante es de cierto alivio porque, por un lado ya no tengo que preocuparme de olvidar hacer algo y, por otro, porque mis proyectos o actividades ya van tomando forma en el plano de la realidad. A algunas personas les funciona hacer una lista, utilizar una aplicación, yo suelo anotarlas. Incluso este libro es resultado de varios papelitos con ideas mías que quería compartir para ayudar a controlar el estrés. Una vez que te quedas sin nada más que anotar pasas a clasificar en grupos sin pensarlo demasiado, puede que más adelante la clasificación requiera un cambio, pero eso se irá perfeccionando más adelante; lo ideal es tener un panorama general de los grupos de ideas, tareas, datos que vas a necesitar.

Cuando tengas las ideas clasificadas ponles algún nombre o etiqueta que te permita englobar estas tareas, por ejemplo *buscar información y datos, realizar esquemas, contratar un diseñador gráfico,* etcétera. Una vez clasificados, estos deben ser tus objetivos a alcanzar y debes ponerle fechas o distribuirlas por días o semanas. Yo suelo plantearme un objetivo semanal y distribuyo las subtareas durante los días de la semana. Puedes hacer un cronograma de actividades o un horario semanal para tener control de tu eficacia. Existen aplicaciones que te pueden ayudar, yo suelo usar Google Calendar para distribuir mis tareas durante los días de la semana y establezco horas y tiempo de duración de cada actividad. Esto hace que cada mañana al ver el Calendar en el ordenador tenga claro a lo que me voy a dedicar ese día, por eso suelo planificar mi semana los sábados o domingos.

Google Calendar me ha permitido organizar mis semanas de forma más enfocada y eficiente. Esta aplicación es muy intuitiva y puedes organizar tu tiempo de forma semanal, o programar un recordatorio para que se repita cada determinado día del mes. Puedes clasificar tus eventos por colores y esto te permitirá identificar a qué tipo de actividad debes dedicarte, por ejemplo, yo suelo clasificar actividades como *rutina de las mañana, alimentación, orden y limpieza, capacitación, entretenimiento, hábitos, lectura y escritura, asesoramiento a clientes*, etcétera. Cuando te plantees un objetivo por semana, todas las actividades estarán enfocadas a alcanzar un objetivo y evitar distracciones.

Al principio puede costar acostumbrarse a manejar esta agenda si nunca ante te has organizado así, pero a medida que vayas familiarizándote con la herramienta, cada semana irás organizándote de mejor manera y los resultados te sorprenderán. Serás más productivo y consciente de *a qué* estás dedicando tu tiempo en cada momento del día. Siempre es bueno dejar algunos espacios y no llenar toda la semana de actividades.

Esto me ayuda a tener enfoque, prioridades claras y tranquilidad de que la semana irá generando resultados, que sumados me ayudarán a alcanzar una meta final. Esto también te permitirá decir *no* a aquellas tareas que te vayan solicitando durante la semana que no son importantes ni urgentes. Serás menos reactivo y más proactivo, ya que tendrás objetivos claros y resultados asegurados. Además de usar Google Calendar anoto mis objetivos de la semana en papel para desarrollar más mi enfoque.

Te recomiendo que sigas a gente que te inspire a ser alguien más organizado. Te recomiendo un canal de YouTube llamado 8va Avenida, aunque hay otras opciones. He aprendido mucho de sus videos y varios de sus consejos me han servido, pero sobre todo, el ver a otra persona muy organizada, te inspira y te hace tomar acción para hacer lo mismo. Aléjate de personas con una vida totalmente desorganizada y deja de consumir videos o material de redes sociales que promueven la desorganización y muestren el desorden como algo divertido.

También es necesario que aprendas a delegar. Normalmente, las tareas *urgentes* pero *no importantes* se delegan. Para esto puedes pedir ayuda a algún familiar o contratar los servicios de alguien con más capacidad para realizar esa tarea. Suena lógico, pero para este punto quiero que te des cuenta de tu mayor obstáculo al querer delegar algo y eso es tu ego.

El ego y el orgullo hacen que pensemos que podemos con todo, que no necesitamos de ayuda, que somos los únicos que podremos hacer las cosas de forma correcta, cayendo en el perfeccionismo y dilatando el tiempo. Para escribir este libro por ejemplo, decidí delegar algunas cosas como la parte gráfica y la corrección de estilo. Yo podría hacer estas cosas, pero no resultarían con la misma calidad o me llevaría más tiempo hacerlas. El delegar una tarea te ayuda a estar más enfocado y menos estresado y de hecho, el delegar va a ayudarte con el estrés. La gente no siempre logrará hacer las cosas con la misma calidad que tú, pero muchas veces ponemos demasiada atención en detalles, que en realidad, casi nadie nota, como por ejemplo el color de letras de un aviso en papel en la oficina.

Esto es más complicado para los que hemos desarrollado muchas habilidades. Recuerdo que en una ocasión estábamos trabajando con un equipo de compañeros sobre un proyecto en la computadora, una de mis compañeras se sentó a escribir. Yo tome cursos de dactilografía en primer año de la universidad, no soy el más veloz de oeste pero sé que escribo muy rápido, así que cuando vi a mi compañera picotear el teclado del ordenador como una gallina buscando gusanos, entré en desesperación. Ya habíamos definido algunos puntos y el tiempo nos apremiaba así que le pregunte si deseaba que yo escribiera, obviamente ella no sabía de mi habilidad y me respondió que no. Entonces seguimos avanzando y yo sentía que estábamos perdiendo el tiempo, así que, con un tono más autoritario, le dije que se levante para que yo pudiera continuar y ella, al notar mi seguridad, me dejó escribir. Escribí en 10 minutos lo que ella escribía en media hora. Cuando algo es importante y urgente es bueno recurrir a nuestras habilidades para alcanzar el objetivo, ya sea que estemos solos o trabajando en equipo. Si algo es urgente y tienes las habilidades para hacerlo rápido, hazte cargo; pero si es una tarea importante pero no urgente, deja que otras personas lo hagan y dedícate a lo importante y urgente que te corresponde.

3.5. ¿Cuándo decir NO?

En este punto quiero que aprendas sobre los límites. Algo que va a ayudarte en la productividad es saber decir *no* a solicitudes que están fuera de tus objetivos y metas; esto te hará menos reactivo y más proactivo.

A veces ponemos sobre nuestros hombros problemas que no nos pertenecen por no saber decir *no*. Debemos definir límites para funcionar en nuestra vida física, emocional y espiritual. No somos responsables de otras personas ni es nuestra responsabilidad pensar por los demás. Es algo que nos quita mucho tempo. A veces tenemos miedo de decir *no*, por la reacción de los demás o por la sensación de culpa. Es doloroso a veces, tanto para nosotros como para las personas a las que estamos poniendo ese límite. Sin embargo, el dolor y el daño no siempre van de la mano. ¿Cómo responder a alguien que está en necesidad? ¿Acaso establecer límites hace que dejemos de ser empáticos y esto nos convierte en seres egoístas? No, de hecho las personas que establecen bien los límites son más atentas a las necesidades de los demás.

Solía tener una compañera de curso en la universidad que constantemente vivía dramas en su casa y en su vida. Siempre me buscaba cuando no se sentía bien y no estaba mal que lo hiciera, sin embargo, ella decidía mucho sobre mi agenda personal. Y por otra parte, yo tampoco tenía horarios establecidos. Hasta que me di cuenta que pasaba mucho tiempo con ella y no lograba, por ejemplo, terminar de leer un libro para una materia. Así que tome conciencia sobre mi necesidad de poner límites y cuando le dije que necesitaba más tiempo para mí, ella se lo tomó muy mal y se enojó. No todas las personas responderán bien cuando les pongas límites y es normal. No es fácil decir *no* a las personas porque puede ser doloroso o conflictivo, pero esto no debe afectar tus decisiones. Si no aprendes a decir *no*, lo más probable es que no te desarrolles en las áreas de tu vida.

Define tus límites tanto en lo familiar, el hogar, los

amigos, la pareja o el matrimonio, los hijos, el trabajo, etcétera. Prepárate para resistir a los demás. Tus límites deberían ser no negociables y los demás deben saberlo. Aprender a decir *no* es vital para el crecimiento de nuestros proyectos. Cuando dices sí a todos te quedas sin tiempo para lo verdaderamente importante. Debes reflexionar si lo que te motiva es el miedo al rechazo o el deseo de querer complacer a todo el mundo, algo que hemos internalizado en nuestra mente pensando que debemos ayudar a los demás para que nos quieran. El *no* es una frase completa, no tienes por qué dar explicaciones ni inventar historias o escusas.

Al no saber poner límites terminas haciendo algo que no te gusta y, a veces, generas un resentimiento hacia la persona que te lo pide. Perdemos oportunidades que nos ayudarían mucho a mejorar nuestros proyectos personales. Terminas agotando tu energía con personas, actividades o tareas que no son importantes. Comprometerte para no quedar mal, a pesar de que no te alcanzará el tiempo, provocará que pase justo aquello que no deseas, que es fallar a ese compromiso; y eso ira mermando tu reputación con las otras personas y haciendo que cada vez te tomen menos en serio. Puedes generar falsas expectativas en la gente por quedar bien al decir que sí a todo y comprometerte. Poco a poco te alejas de la realidad que tenías pensada, por dedicarte a otras cosas.

No solamente debes aprender a decir *no* a personas demandantes, sino también a la curiosidad desordenada. En el trabajo solían pedirme mucha información y algunas no eran muy importantes. Yo sabía por experiencia que por concentrarme en conseguir algunos datos interesantes, descuidaba conseguir datos que sí eran importantes, así que yo les decía a las personas que me contrataban como consultor lo siguiente:

—Voy a tomar en cuenta todas estas solicitudes, si bien son datos interesantes que serían de gran utilidad, voy a priorizar los datos que son requisito indispensable en los informes y, si me alcanza el tiempo o me queda al paso conseguir esta información, estén seguros que la conseguiré.

En un principio esto les sacaba de onda, ya que estaban acostumbrados a que sus inferiores hagan lo que ellos siempre pedían, pero a la vez les daba la seguridad de que yo sabría priorizar las tareas y que tomaría la decisión adecuada cuando realizara mi trabajo, y que simplemente no perdería el tiempo con nada irrelevante.

Presentaba mis informes con toda la información necesaria sin que me faltara algo importante. Con el tiempo, esto hizo, que me buscaran para apoyarlos en otros lugares y las reuniones de coordinación eran cada vez más cortas, tanto que incluso, a veces solamente me llamaban para darme los contactos necesarios y me decían «tú ya sabes». Cuando eres una persona enfocada y dedicada, hasta tus superiores y gente mayor que tú, comienza a respetarte y respetar tus límites. Cuando tú te das valor los demás comienzan a tratarte como una persona de alto valor. Había ocasiones en que la gente que me contrataba gestionaba todos los recursos necesarios para desempeñarme en mi trabajo e incluso me alejaban de tareas que podrían distraerme.

Si algo es importante y no se puede posponer ni desechar, haz un equipo, por ejemplo, yo hice un grupo de lectura de dos personas. Ambos teníamos un libro en común que queríamos leer, pero nunca lo hacíamos; así que cada semana nos reuníamos para comentar un capítulo del libro, así pasó un mes y medio y lo terminamos. El acordar un objetivo con otra persona hace que te comprometas más ya sea por responsabilidad o por el hecho de no quedar mal o sentir vergüenza. Hasta ahora ese libro es uno de los tres que más han influido en mi vida, se llama *Discipulado Naciones* de Darrow L. Miller.

3.6. El Descanso

Si sientes que ya no puedes más, no desistas, solo descansa. A veces el no tener una vida organizada hace que no tengamos días de descanso. En mi caso como consultor por producto, cuando una organización me contrataba tenía un plazo para presentar mis informes, yo era libre de organizar mi tiempo de la mejor forma que me pareciera siempre y cuando cumpliera con entregar el producto en la fecha acordada. Las primeras veces no tomaba en cuenta los fines de semana para descansar y trabajaba los siete días. Pronto me di cuenta que mi capacidad disminuía y cuando comencé a incluir días para mi descanso, lograba volver a mi rutina laboral con más ideas y más motivación.

Hay un versículo en Génesis que dice:

Y acabó Dios en el día séptimo la obra que hizo; y reposó el día séptimo de toda la obra que hizo. Y bendijo Dios al día séptimo, y lo santificó, porque en él reposó de toda la obra que había hecho en la creación (Reina Valera, 1969, 2: 2-3).

Incluso Dios descansó un día después de tener una

semana creativa y, a veces, nosotros queremos ocupar toda la semana trabajando. Con esto no quiero decir que elijas un sábado o un domingo para descansar, sino que elijas un día a la semana para descansar y dedicar ese tiempo solamente para ti y tu crecimiento personal. Puedes elegir un jueves y aislarte totalmente ese día de las interrupciones del mundo exterior, incluso de la gente. Es necesario descansar un día a la semana, entender la importancia del descanso que nos permite reponer fuerzas.

3.7. Administrar la Emociones

Los problemas que más nos desgastan son los emocionales. Estos pueden ser causados por conflictos internos que tengamos con nosotros mismos o con personas cercanas a nuestro entorno. En 1995, Daniel Goleman popularizo el concepto de *Inteligencia Emocional* con un libro titulado así, en el que afirmó que nos contratan por nuestras aptitudes (con P) y nos despiden por nuestras actitudes (con C). Cada vez más, se ve la necesidad de evaluar la inteligencia emocional al momento de reclutar nuevo personal. En la mayoría de las veces será más decisiva que tu inteligencia racional.

En la universidad tenía una novia a la que acompañaba hasta el lugar donde ella tenía que tomar el transporte público, ya que ella vivía lejos. En una ocasión estábamos hablando amenamente y de repente, me molesté y me despedí de ella de forma muy seca, tanto que ella se sacó de onda. Yo estaba molesto, pero no sabía de porqué; cuando me calmé al llegar a mi casa, reflexioné en ese comportamiento que había tenido, recordé que le había preguntado algo y su respuesta era lo que me había molestado. Yo esperaba una respuesta positiva a esa pregunta, pero al responderme de forma negativa reaccioné de manera exagerada; pero no me di cuenta que estaba molesto sino recién hasta reflexionar sobre ese momento en la tarde. Muchas veces solía enojarme y no me daba cuenta de esto, reaccionaba de inmediato sin ser consciente de lo que me pasaba; así que me propuse poner más atención a mis propios sentimientos y darme cuenta de cuándo me enojaba y controlar esa emoción que muchas veces era irracional, o porque me tomaba de forma muy personal las cosas o porque mal interpretaba lo que hacía la otra persona.

Para desarrollar tu inteligencia emocional debes avanzar por cinco pasos. El primer paso es identificar nuestras emociones. Muchas personas no saben reconocer cuando están ansiosas, enojadas, celosas, tristes, por ejemplo. Un ejercicio que te ayudará bastante en este paso es escribir un diario de emociones, esto aumentará significativamente tu nivel de autoconsciencia.

Aprender a calmarse es un arte y este es el segundo paso. Tenemos que aprender a calmar y controlar nuestras emociones. Es necesario aquietarnos. Cuántas veces hemos tomado malas decisiones por no identificar y controlar nuestras emociones. Incluso el estar estresados puede ponernos en estados de irritabilidad y si no reconocemos esto, no estamos preparados cuando algo, que normalmente no nos molestaría demasiado, nos hace enojar. Esto no significa que reprimas tus emociones, sino que, por el contrario, las expreses de mejor forma y en el momento adecuado.

El tercer paso es analizar nuestras motivaciones. ¿Cuál es la motivación al hacer las cosas, por qué hacemos lo que hacemos? Por qué discutimos con otras personas en

Facebook por ejemplo, quizás es porque queremos tener la razón. Siempre debes preguntarte el por qué estás haciendo cada cosa y evaluar si esas motivaciones son correctas y están inspiradas por las cosas que tú quieres lograr.

El cuarto paso es desarrollar empatía. Estamos tan ensimismados que no nos ponemos en los zapatos de las otras personas. No nos tomamos la molestia de pensar en sobre qué estará sintiendo la otra persona en esta situación o en aquella. Es bueno que te preguntes: ¿cómo me sentiría yo si lo que le pasa a esta persona me pasara a mí? Y si nunca hemos pasado algo similar podemos buscar en nuestros recuerdos algo parecido que hayamos sentido.

Finalmente, el quinto paso es desarrollar habilidades sociales, calibración social. Se dice que es más fácil contagiar emociones, que una gripe. Si al lado tienes una persona que tiene determinada emoción de ira o de irritación, va ser fácil que te contagies de esa emoción. Esto puede ser más grave todavía, si en lugar de estar con una sola persona, tú contagias a otra persona y esa otra contagia a su familia o compañeros de trabajo, de forma que todo el grupo se irrita. Siempre que tengas una persona irritada te vas a irritar, siempre que tengas una persona enfada te vas a enfadar si es que no tienes un buen nivel de habilidades sociales. Las habilidades sociales en este caso sirven para protegerte y no contagiarte de ese estado emocional y saber reaccionar ante esas personas irritadas de forma que no te contagien esa emoción. Si tienes unas buenas habilidades sociales tendrás una barrera que impida que el contagio emocional se produzca. La opción fácil es tomar distancia y mantenerte lo suficientemente lejos de esa persona para que no te contagie, sin embargo, esto nos llevaría a dejar muchas relaciones, porque nosotros también nos encendemos de vez en cuando.

Huir de cada persona que se irrite no es la solución; porque además, terminaríamos solos y eso es algo bastante imposible en este mundo tan entrelazado. La solución es tener un buen nivel de habilidades sociales que te permitan poder estar con personas irritadas sin contagiarte de esa emoción e incluso cambiar o calmar a la otra persona.

3.8. Actividad

Diario Emocional

Recuerda alguna situación en esta última semana y responde las siguientes preguntas.

¿Qué ocurrió? (Describe la situación)
¿Qué pensamientos tuviste?
¿Qué sensaciones tuviste en tu cuerpo?
¿Qué emociones experimentaste?
¿Qué significado tienen estas emociones para ti?
¿Qué hiciste?
¿Qué hubieras hecho mejor?
¿Qué aprendiste?

Capítulo 4.
¿Cómo controlar el estrés?

Cuida tus pensamientos, porque se convertirán en tus palabras.
Cuida tus palabras, porque se convertirán en tus actos.
Cuida tus actos, porque se convertirán en tus hábitos.
Cuida tus hábitos, porque se convertirán en tu destino.
Mahatma Gandhi

Hemos observado a lo largo de este libro que el estrés y la ansiedad son respuestas de adaptación normal cuando la persona debe responder diariamente a los diferentes eventos que pueden amenazar el equilibrio de su ambiente interno o externo; y cómo el manejo inadecuado del estrés puede afectar nuestra salud física y mental. También hemos hablado de las formas que pueden ayudarnos a prevenir el estrés, con hábitos y recursos, para no entrar en caos. Sin embargo, puede que en el presente ya tengas estrés y es del ahora de lo que hablaremos en este aparatado.

Vivimos en una sociedad con muchos temores, donde cada día se producen más cambios, para los cuales, en su mayoría, no hemos sido capacitados. Sin embargo, estamos continuamente bombardeados por las altas exigencias y presiones de nuestros trabajos, de nuestras parejas, de la familia, de los amigos y vecinos, además que tenemos que superar las pérdidas personales que nos pueden hundir aún más, entre las que se cuentan la enfermedad o muerte de un ser querido, el perder nuestro empleo, etcétera. Pero no por eso debemos caer en un mar de lágrimas y quejas. Los problemas deben estimular en nosotros el talante y la actitud de fortalecimiento de habilidades y la sabiduría necesaria para emprender el camino que mejor nos guíe para disfrutar de una vida plena, rica en armonía y paz, como un obsequio, tanto para nosotros mismos, como para el mundo y el universo que nos rodea.

En este capítulo vamos a tener un acercamiento a lo que es el *Afrontamiento y la Resiliencia,* que están más relacionados con nuestras actitudes; y por otro lado, el funcionamiento de nuestros *hemisferios izquierdo y derecho,* y cómo el comprender su diferencia nos permitirá tomar decisiones para controlar los síntomas del estrés. También te presentaré una lista de hábitos y técnicas que podrás incorporar a tu rutina diaria.

4.1. Definición de Afrontamiento y Resiliencia

En términos sencillos entendemos por *afrontamiento* el conjunto de respuestas que las personas emplean para manejar y tolerar el estrés (Macías et al., 2013).

Las personas pueden desarrollar diferentes formas de afrontamiento (también llamado *coping,* en inglés), las cuales pueden estudiarse en dos grupos: positivo y negativo. El afrontamiento que emplees puede ser uno de estos. En el negativo, la persona se concentra en las emociones negativas, para huir o rechazar el problema, evitando así la solución del mismo. En el afrontamiento positivo, la persona se enfoca en el problema, mediante la aplicación de estrategias, para manejarlo o solucionarlo, si es que tiene solución. Además, el afrontamiento positivo, va a aportar un aprendizaje a la persona permitiéndole enfrentar situaciones similares en el futuro.

En el afrontamiento negativo, el individuo posee una

ansiedad importante, con niveles de pesimismo y tristeza que le impiden responder adecuadamente al evento estresor, motivo por el cual muchas veces huye de la situación o se expone a situaciones de riesgo, como consumir drogas o bebidas alcohólicas para olvidar el problema, caer en conductas de adicción alimentaria, entre otras, que son muy perjudiciales no solamente para el individuo, sino también para su familia y la sociedad. En el afrontamiento positivo, la persona puede solucionar sus problemas de forma calmada, mediante una planificación adecuada que le permite resolver la adversidad (Botero y Páez, 2013). En este tipo de afrontamiento influye la forma cómo el individuo *percibe* factores tales, como

- Su bienestar personal (cómo se ve física y emocionalmente).
- Su optimismo, sentido del humor y religiosidad.
- Nivel de tolerancia frente a las situaciones cotidianas.
- Su capacidad creativa y de inventar soluciones frente a los problemas.
- Facilidad de comunicación y disponibilidad de red de apoyo social (familia, amigos, compañeros de trabajo, vecinos).

Cuando respondemos con estrategias de afrontamiento positivo a las dificultades, eventos adversos o estresores de la vida, los especialistas dicen que presentamos un comportamiento de *resiliencia*. Podemos definir la resiliencia como la capacidad que tiene un individuo o grupo de individuos para conseguir una adaptación exitosa a su ambiente a pesar de las circunstancia de riesgo, desafiantes o amenazantes que pudo haber vivido (Botero y Páez, 2013).

En la historia han surgido personas que han sufrido toda

clase de vejámenes y terribles adversidades, pero que, sin embargo, lograron vencer todos los obstáculos, sobreviviendo al estrés y ansiedad que les pudieron significar las experiencias traumáticas vividas. En este sentido tenemos a personajes famosos que han sobrevivido a genocidios, abandono familiar, discriminación racial o étnica, pobreza extrema, adicciones, abuso psicológico y sexual, entre otras problemáticas. Algunos de estos personajes son célebres y han pasado a la historia como modelos inspiradores a seguir por sus aportes a la humanidad, algunos en materia de derechos humanos y civiles, mientras que otros han deslumbrado como brillantes académicos, científicos, deportistas y artistas. Te comento tres casos que son ejemplos de personas famosas con resiliencia:

Nelson Mandela (1918-2013): Padre de la independencia de Suráfrica, luchó contra el apartheid o segregación racial en su país. Estuvo 27 años preso en condiciones infrahumanas. Salió casi ciego de la cárcel, pero eso no fue obstáculo para que se convirtiera en un gran líder y presidente en su nación.

Viktor Frankl (1905-1997): Fue un eminente psiquiatra y neurólogo austríaco. Estuvo en un campo de concentración nazi para judíos durante la Segunda Guerra Mundial. Sufrió toda clase de maltratos físicos y psicológicos por parte de sus captores, pero al final pudo sobrevivir y reponerse a tan dantesca experiencia. Contribuyó con la ciencia y la humanidad con sus aportes en el campo de logoterapia y la psicología existencial.

Malala Yousafzai (1997): esta joven mujer paquistaní, recibió el Premio Nobel de la Paz en el 2014, a los 17 años de edad, por su labor incansable en la defensa de los derechos humanos de las niñas y mujeres en Pakistán, motivo por el cual sufrió varios atentados terroristas en su país a manos de grupos talibanes extremistas.

Existen ejemplos diarios de personas, que quizás no son tan famosos como estos personajes, pero que igualmente afrontaron las dificultades de su vida con la mayor resiliencia posible; esto nos invita a reflexionar sobre la capacidad que poseemos todos para superar los acontecimientos desagradables, dejando atrás lo que no contribuye con nuestro desarrollo personal y que no nos deja brillar con luz propia. Por eso es fundamental que aprendas a reconocer las manifestaciones del estrés y la ansiedad que pueden llegar a perturbar tu estado de salud física y mental, comprometiendo tu calidad de vida.

4.2. Hábitos saludables para el manejo del estrés

Es momento de evaluar nuestros hábitos. Debes aprender a ser autocrítico con la práctica de hábitos que no son saludables, algunas veces los realizamos porque no nos enseñaron otra forma de hacer las cosas, ya sea en nuestra familia, universidad, trabajo, cultura. Hubo una época en los primeros años de la universidad donde consumía marihuana, un día me propuse dejarlo, mi primer objetivo era estar limpio medio año y aunque fue difícil lo conseguí; de hecho cuando termine ese medio año me propuse dejar por completo todo lo relacionado a fumar y beber alcohol y hasta ahora he cumplido, esto fue en 2005. Por otro lado comencé a desarrollar mi hábito de lectura desde entonces.

Los estilos de vida y nuestros hábitos impactan en la forma como pensamos, como nos alimentamos, como nos vestimos, como hablamos, como reímos o lloramos, entre otras expresiones. Además hemos internalizado patrones de consumo que han desplazado la alimentación saludable, que tenían muchas comunidades, por comida con alto contenido de azúcares (carbohidratos) y grasas, además de abundantes productos químicos y transgénicos. Olvidamos la sabiduría de nuestros antepasados en el buen comer y buen vivir, por un estilo de vida artificial, que si bien nos otorga riquezas materiales, no nos hace felices, porque siempre queda un vacío en el alma. Sí, como un vacío de buscar más dinero y más poder para comprar más cosas, y muchas veces olvidamos a la familia y a nuestras necesidades espirituales y de desarrollo personal. Si bien es cierto que el dinero nos ayuda a sobrevivir, no es sinónimo de desarrollo, porque es solamente un medio para conseguir salud, alimentación, bienes económicos y otras cosas, pero no representa la verdadera misión que cada persona tiene en esta tierra y universo.

Las diferentes perspectivas y razonamientos que poseen las personas a nivel laboral, económico, familiar, académico, político, social, entre otros ámbitos, también tienen influencia en la aparición del estrés y la ansiedad. Por este motivo es necesario que afrontemos de forma adecuada y resiliente las adversidades, especialmente en estos tiempos postmodernos donde estamos más expuestos a una cultura del miedo.

Para recuperar la salud, los expertos recomiendan que las personas puedan realizar, de forma voluntaria, algunos cambios sencillos sobre aquellos factores que podrían estar afectando su salud. Respecto a los hábitos más saludables, te voy a mencionar algunos sobre la alimentación, la actividad física, el sueño y la recreación.

4.2.1. Hábitos saludables de alimentación

La ciencia ha demostrado que la conducta alimenticia está influenciada por las emociones. Entre estas emociones, el estrés y la ansiedad juegan un papel importante, porque el individuo suele ingerir los alimentos como una recompensa para reparar sus bajones de energía mental y física, mientras que otras veces pierde el apetito, por lo que aumenta y baja rápidamente de peso, además de tener una tendencia a la obesidad. Estos trastornos en el peso generan muchos riesgos para la salud, como el aumento de los azúcares y grasas *malas* en la sangre, el colesterol y los triglicéridos, que también representan riesgo de enfermedades endocrinas y cardiovasculares (Baratucci, 2011).

Cuando se mantienen las manifestaciones del estrés y la ansiedad por tiempo prolongado, el organismo va perdiendo niveles de energía, empezando a producirse cansancio físico y mental. Por esto es fundamental que te alimentes lo más saludable posible, evitando las harinas blancas refinadas, los azúcares, las bebidas gaseosas, los embutidos, las grasas trans, comidas muy condimentadas, el exceso de carnes rojas. Igualmente evitar el consumo excesivo de cafeína y de alcohol. Elige más bien comer alimentos con contenido de carbohidratos complejos, como los cereales integrales, por ejemplo el trigo y el maíz integral, es decir, lo menos procesados posibles. Como recomendaciones nutricionales y anti estrés básicas, es recomendable consumir diariamente:

a) Entre los cereales

Elije consumir arroz, maíz, trigo, avena, cebada y centeno (y sus harinas). Entre las legumbres elije las arvejas, lentejas, soja, porotos, habas y garbanzos. Prefiere los panes, harinas y pastas integrales. Los alimentos de este grupo contienen sustancias nutritivas que son útiles para el organismo. Cuando estos alimentos se combinan entre sí o con otros, estas sustancias aumentan su valor.

Poseen hidratos de carbono complejos que proveen energía necesaria que nuestro cuerpo consume para aprovechar bien el resto de los nutrientes. Aporta fibras, como en el caso de las legumbres y los cereales integrales. Son económicos y están disponibles en cualquier lugar. Solos o combinados con otros alimentos, forman parte de una gran variedad de preparaciones dulces y saladas, frías y calientes.

b) Verduras y frutas

Son fuente principal de vitaminas C y A, de fibra y de sustancias minerales como el potasio y el magnesio. Incluye todos los vegetales y frutas comestibles.

Vitaminas y minerales: Mejoran el aprovechamiento de nutrientes que hay en otros alimentos. Por ejemplo, la Vitamina C de las frutas y verduras ayuda al organismo a utilizar mejor el hierro de las legumbres y las verduras. Una de las sustancias presente en las frutas y verduras es el *beta caroteno*, que se transforma en vitamina A en nuestro cuerpo. Esta última es necesaria para los ojos, la piel, el cabello y todos los tejidos de nuestro cuerpo. El potasio es un mineral muy necesario para el corazón, la presión arterial y los músculos. La escasez de vitaminas y minerales nos pone más vulnerables ante enfermedades, por eso son valiosos en la prevención de las mismas.

Fibra: Prolonga la sensación de saciedad, porque aumenta el volumen dentro del estómago y favorece el funcionamiento intestinal. Tiene un *efecto barrido* sobre los dientes por lo que contribuye a la prevención de la caries.

c) Leche, yogur y queso

Nos ofrecen proteínas completas y son la fuente principal de calcio.

Según la actividad diaria de cada uno y el gasto energético, se recomienda consumir de dos a tres raciones al día de productos lácteos semidesnatados o desnatados.

d) Carnes

Todas las carnes (de vaca, ave, cerdo, cordero, conejo, pescado, marisco, liebre, cabra, vizcacha, etcétera, incluyendo sus vísceras) son fuente de muchos nutrientes como proteínas de muy buena calidad, hierro, zinc, fósforo, cobre y vitaminas dentro de las que se destacan las del complejo B. Por ello, pueden consumirse unas u otras, según el gusto y las posibilidades de cada persona.

Las proteínas son sustancias presentes en los alimentos que sirven para formar, mantener y reparar todos los tejidos que integran nuestro cuerpo y también para favorecer el crecimiento.

Es por ello que se dice que cumplen una función plástica o constructora. Para que las proteínas cumplan con esta función específica es necesario que la alimentación diaria tenga una buena cuota de energía.

La cifra fijada por la Organización Mundial de la Salud (OMS) está en 500 gramos semanales. Esto equivale a comer carne dos veces a la semana. Además, de esos 500 gramos, solo 200 gramos deberían ser de carnes rojas. Aves (2 veces por semana). Pescados y mariscos (2 veces por semana).

Las proteínas que nos aportan los alimentos de origen animal (leche, quesos, carnes, huevos) se aprovechan mejor que las proteínas de los alimentos de origen vegetal (cereales, legumbres, hortalizas) porque estas últimas son más incompletas, pero sin embargo, se pueden realizar mezclas vegetales.

Las carnes permiten cubrir nuestras necesidades de hierro que es fundamental para la formación de hemoglobina; este componente de la sangre es el encargado de transportar el oxígeno a todas las células del cuerpo. También es fundamental para el buen funcionamiento del cerebro y el rendimiento físico. Este mineral es uno de los nutrientes más difíciles de obtener porque las cantidades presentes en los alimentos son, en general, muy pequeñas y además no todo el hierro es bien aprovechado por el organismo. En este sentido, el hierro de las carnes es el de mejor absorción entre todos los alimentos.

e) Aceites y grasas

Son fuente principal de energía y de vitamina E. Los aceites y semillas tienen grasas que son indispensables para nuestra vida. Las porciones varían de acuerdo a la actividad de cada persona, pero puede llegar a consumirse dos o tres cucharas diarias.

Se debe dar prioridad al consumo de grasas saludables presentes en alimentos como pescados (atún, sardina, caballa, arenque y salmón, principalmente), nueces, linaza, tofu, aceite de canola, aguacate, almendras, semillas de girasol, semillas de calabaza, aceitunas, aceites vegetales y mantequilla de cacahuate. Considerando que no se debe exagerar el consumo de alimentos procesados.

Según su naturaleza, las grasas pueden ser saturadas o insaturadas. Está comprobado que las saturadas tienden a aumentar la concentración de colesterol y las grasas en sangre, mientras que las insaturadas las disminuyen. Las cantidades de grasa varían de acuerdo al tipo de carne y entre los distintos cortes del mismo animal. Por ejemplo, los pescados, frescos o envasados, contienen una parte de grasas insaturadas y menos colesterol que otras carnes. En cambio, los fiambres, embutidos (como salchichas, chorizos y otros productos de carnes elaboradas) y achuras (como sesos, chinchulines, tripa gorda y mollejas) contienen mayor cantidad de grasas saturadas que son las que aumentan las grasas en sangre.

f) Azúcar y dulces

Proporcionan energía y son agradables por su sabor, pero no ofrecen sustancias nutritivas indispensables a nuestro organismo.

En suma, se recomienda el consumo con mayor preferencia de frutas, verduras, legumbres y semillas con grasas omega 3, 6 y 9, vegetales combinados con carnes magras para lograr un adecuado equilibro corporal, físico e espiritual.

4.2.2. Hábitos saludables relacionados con la vida diaria

Ten optimismo y trata de afrontar con calma la adversidad y eventos estresantes de la vida. Mira en cada problema una oportunidad de crecimiento personal. No pienses que es el fin del mundo. Poco a poco, si te concentras en tus propósitos con la más firme voluntad, vas a cumplir todo lo que te propongas.

Fíjate en el problema más grave o el que requiera resolución más rápida y analiza si tiene solución, si la tiene, concéntrate en una meta para resolver ese problema de forma adecuada. No huyas de los problemas. Proponte objetivos que puedas cumplir.

Disfruta de tu vida diariamente, agradece por esos pequeños momentos de felicidad que te regala la vida, no todo es malo e incluso los malos momentos nos enseñan algo. Trata de hacer una actividad agradable, así sean solamente 15 minutos al día, para despejar tu mente, tu cuerpo y tu espíritu. No todo es trabajo y servir a los demás también debes dedicarte tiempo a ti mismo.

Como ya explique antes, aprende a decir *no* cuando no puedas ayudar a otras personas. Yo me propuse durante un año entero decir *no,* porque me había acostumbrado a servir a muchas personas y quedarme con menos tiempo para mí mismo. Muchas personas a las que había ayudado antes se alejaron de mí, son cosas que suelen pasar, hay un tiempo para todo.

Haz actividad física diaria, así no tengas tiempo. Procura caminar tranquilo, sin prisa, en un sitio agradable, así sean 10 o 15 minutos al día. Tú buscarás el tiempo y el espacio. Si dispones de tiempo trata de hacer algún deporte que te guste. ¡Busca el tiempo!

Haz ejercicios de respiración profunda, solamente con 10 minutos al día puedes hacer algo. También puedes practicar meditación, leer, pintar, orar, cantar, escuchar música, bailar un rato, ríe, sé feliz... de eso se trata la vida: de disfrutar en calma, en armonía con la naturaleza y este gran universo.

Si sientes que la ansiedad es más fuerte que tu voluntad, por favor, busca ayuda médica o psicológica. No te quedes en un hueco eterno. La vida es muy corta y tú eres la dueña o dueño de tu vida. Nuestra salud es prioridad.

4.2.3. Hábitos saludables de sueño

Duerme y descansa entre 6 a 8 horas durante la noche, para que repongas tus energías. Desconéctate de las redes sociales por lo menos 3 horas antes de dormir, la sobreexposición a información y la luz de los dispositivos activa nuestro estado de alerta en el cerebro, lo que impide que entres en fase de descanso. En vez de eso, toma un libro de contenido ligero y léelo. Procura no tomar café, té negro ni bebidas gaseosas antes de dormir. Evita fumar y beber licor.

Toma una ducha de agua tibia antes de acostarte y usa ropa de cama cómoda, que no sea muy ajustada. Trata que tu habitación tenga temperatura agradable, que no sea muy fría o caliente, sin ruido, lo más oscura que se pueda. Procura no encender el televisor, a menos que sea una película que no tenga imágenes violentas, más bien un programa agradable, que te induzca al sueño.

Una hora antes de acostare, y ya en ropa de cama, toma una taza de infusión de tu hierba favorita, sea agua de jamaica, infusión de tilo o toronjil, agua de lechuga. Si prefieres puedes escuchar algo de música suave, puede ser clásica o instrumental, específica para relajarse, que evoque sonidos de la naturaleza, como por ejemplo la lluvia, las olas del mar, etcétera. A algunas personas les relaja los videos con sonido de ASMR. Agradece por todas las bendiciones que has tenido ese día.

4.3. Hemisferios Cerebrales Derecho e Izquierdo

a) Hemisferio Izquierdo

Los científicos han demostrado que esta parte del cerebro se encarga del pensamiento lógico, abstracto, objetivo y racional del individuo. Este hemisferio controla el lado derecho del cuerpo, usa el lenguaje matemático, define a los objetos por su nombre, se dedica a organizar el tiempo, vigilar y dar cumplimiento a las normas, establece las causas y efectos de un evento. Entonces, podríamos decir que el hemisferio izquierdo es el cerebro racional, el matemático, el controlador, el regulador del tiempo y de las normas.

b) Hemisferio Derecho

Este hemisferio se relaciona con la creatividad, la intuición, la música, las artes. Expresa el lenguaje basado en una alta sensibilidad de los colores, sabores, olores, en el tacto, los recuerdos. Emplea la síntesis y el procesamiento subjetivo de la comunicación. Controla el lado izquierdo del cuerpo. Está involucrado en el dominio holístico del lenguaje, es decir, con la inclusión de todas las áreas que representan un significado para la persona, en toda su esfera biopsicosocial. Varias investigaciones han demostrado que las mujeres tienen actividad predominante de este hemisferio.

Es importante resaltar, que ningún hemisferio posee superioridad sobre el otro, puesto que ambos cumplen roles complementarios, tanto para el hombre como para la mujer. No podemos dividir el cerebro o el cuerpo simplemente en dos partes, eso es reduccionismo en todos los sentidos. Una parte no puede vivir sin la otra. Todos necesitamos el razonamiento lógico y el intuitivo, porque ambos contribuyen con nuestra adaptación y sobrevivencia, especialmente ante las experiencias estresantes. El pensar que todo es blanco o negro en la vida es inflexible y no aporta nada a nuestro desarrollo personal. Con relación a esto, Edward de Bono, quien en su maravillosa obra *Seis Sombreros Para Pensar*, explica que: «La dificultad principal para el pensamiento es la confusión. Intentamos hacer demasiado al mismo tiempo. Las emociones, la información, la lógica, la esperanza y la creatividad nos agobian. Es como hacer malabarismo con demasiadas pelotas» (1985, p. 6).

Es frecuente que la mayoría de las sociedades actuales tengan una mayor valoración del hemisferio izquierdo sobre el derecho, por el motivo del razonamiento abstracto y numérico que ha contribuido con el desarrollo de la ciencia y tecnología, supuestamente para el progreso de la humanidad. Pero ciertamente, a pesar de las contribuciones de este tipo de razonamiento, muchas culturas han desconocido los aportes del conocimiento procedente del hemisferio derecho. Las aptitudes creativas e intuitivas que nos regala este hemisferio han permitido la sobrevivencia de las tradiciones, han enriquecido el acervo humanístico, cultural y científico de las naciones. Algunos genios de la humanidad fueron creativos para dar paso a nuevas teorías y tecnologías, como por ejemplo el físico Albert Einstein y el empresario Bill

Gates, por nombrar a algunos.

En el manejo del estrés y la ansiedad los expertos recomiendan varias técnicas para su control, siendo las más recomendadas las actividades que hacen trabajar más a nuestro hemisferio derecho, el cual no tiene mucha noción del tiempo ni la rigidez de pensamientos lógicos.

4.4. Técnicas para controlar el estrés

a) Técnicas de relajación

Antes de aplicar cualquier técnica de relajación, debes identificar muy bien cuáles son las causas que están ocasionado tu estrés o ansiedad. También hay que analizar si la causa del estrés tiene o no solución, porque si la tiene, puedes buscar, de forma calmada, las estrategias más efectivas para afrontar la situación; pero si no, entonces no vale la pena que desperdicies energía y esfuerzo en resolverlo. En el abordaje del estrés, hay que tomar en cuenta varias herramientas que contribuyen a su control desde una perspectiva integral, con evaluación de nuestros hábitos y estilo de vida, de las patologías que pueden estar afectando nuestra salud, de la red de apoyo social y familiar de la que disponemos, entre otros factores. Por otra parte, existen técnicas de relajación que contribuyen al ser una parte de esa solución que merecen tus problemas, pero teniendo en cuenta que también hay que modificar los hábitos que nos puedan estar perjudicando en cuanto a nuestra alimentación, descanso, abuso de sustancias toxicas, entre otros tantos elementos que más adelante irás estudiando.

Como técnicas de relajación, se puede entender al conjunto de estrategias que nos van a permitir liberar la tensión física y mental acumulada diariamente en nuestro organismo. Comprenden las técnicas de relajación física y las técnicas de relajación mental, siendo recomendable practicar ambas, por las relaciones que estudiamos entre el cerebro y nuestros sistemas endocrino e inmune. Las principales técnicas que te voy a describir son:

#1. Relajación Muscular Progresiva de Jacobson

En esta técnica la persona realiza una serie de ejercicios voluntarios de tensión y relajación muscular con el fin de reducir sus niveles de estrés y ansiedad. Es un ejercicio ideal para combatir las contracciones musculares en todo el cuerpo. Con este tipo de ejercicio podemos lograr la relajación y notaremos de inmediato una mejora física y emocional.

Se recomienda realizar esta técnica diariamente durante un período de 10 minutos. Primero se debe aplicar tensión a varios músculos, los mas que se pueda, y luego de forma lenta soltar cada músculo. La aplicación de la tensión en cada músculo puede tener una duración de 10 segundos y la relajación (o distensión) puede ser de aproximadamente 25 segundos.

Descripción de la técnica

A continuación, recomiendo, de forma muy sencilla, las siguientes pautas sugeridas por la Consejería de Salud de la Junta de Andalucía (2011) para el cumplimiento de esta técnica:

Paso 1: Empezar tus ejercicios con concentración, ¡la

máxima que puedas!, además de ubicarte en un ambiente tranquilo, sin ruidos, con temperatura agradable (ni muy fría ni caliente) y con vestimenta cómoda. No tomes ningún estimulante como café antes de hacerlo.

Paso 2: Siéntate de la forma más relajada posible en una silla. Cuando sientas la mayor relajación, tensa un grupo de músculos cualquiera a tu voluntad. Identifica cuál es el músculo donde sientes la máxima tensión. Ahora, tensa los músculos lo máximo posible, hasta donde puedas aguantar. Siente el nivel de tensión en tus músculos. Relaja los músculos donde sientes toda esa tensión. Siente la sensación placentera al relajar esos músculos. Cuando apliques tensión a alguna parte, debes mantener relajado el resto del cuerpo.

Paso 3: Empieza a arrugar tu frente lo máximo que puedas. Siente por espacio de unos 5 segundos toda la tensión que se produce en tu frente. Empieza a relajarla suave y lentamente; nota cómo todos los músculos de tu frente se van relajando y se empieza a sentir una sensación placentera por la falta de tensión. Relájalos lo máximo que puedas y disfruta de esa sensación tan agradable por 10 segundos. Continúa cerrando y apretando tus ojos lo más fuerte que puedas. Siente la tensión en el borde interno y externo de cada párpado, en cada ojo. Luego, lentamente, empieza a relajar tus ojos lo máximo que puedas hasta dejarlos entreabiertos. Siente lo diferente de estas sensaciones. Si sientes dolor en la cabeza deja el ejercicio y concéntrate en otra parte del cuerpo.

Paso 4: Continúa con tu nariz y labios. Arruga tu nariz y relájala. Luego arruga tus labios, relájalos. Haz que la tensión se mantenga en estas zonas por unos 5 segundos y la relajación no menos de 10.

Paso 5: Vamos a hacer lo mismo con tu cuello. Procura apretar tu cuello lo más que puedas y mantenlo así de tenso. Procura ir relajando poco a poco estos músculos y concéntrate en esta diferencia de sensaciones entre la tensión y relajación, disfruta esta última.

Paso 6: Coloca tu brazo hacia abajo, lo más relajado que puedas. Luego, levántalo y cierra el puño lo máximo que alcances, manteniendo el resto del brazo rígido. Poco a poco, ve bajando tu brazo relajándolo y abre tu mano lentamente; procura dejar todo tu brazo descansando sobre el muslo. Haz lo mismo con el otro brazo.

Paso 7: Repite exactamente todo lo que hiciste en el Paso 6, pero con tus piernas.

Paso 8: Inclina tu espalda hacia adelante para que sientas la tensión que se produce en la mitad de ella. Lleva los codos hacia atrás, tensionando todos los músculos que puedas. Trata de llevar la espalda hasta su posición original y relaja los brazos sobre los muslos. Siente la agradable sensación de relajación durante un momento.

Paso 9: Tensa fuertemente los músculos del estómago lo más que consigas, luego disfruta nuevamente de las sensaciones al relajar los músculos.

Paso 10: Ahora realiza lo mismo con tus glúteos y muslos.

Se sugiere que después que hayas logrado el dominio de esta técnica de relajación, de forma diaria durante varios meses, puedas empezar con otra modalidad de relajación desde la postura de pie, de la siguiente manera:

Ponte de pie, con la cabeza recta sobre los hombros. Ahora tensiona todos los músculos de tu cuerpo, apretando las manos a ambos lados del cuerpo, procura meter tu estómago, luego tensiona tus muslos, rodillas, tobillos, pies, dedos de los pies. Luego, relaja toda tu musculatura corporal, desde la cabeza a los pies. Nuevamente, siente la diferencia entre tensión y relajación.

#2. Técnica de relajación de Schultz

Es un método para lograr la relajación de todas las tensiones físicas y mentales a través de la concentración mental en base a las sensaciones de peso (pesado y ligero), de frío y calor, latidos del corazón y de la respiración en cada uno de los miembros del cuerpo. (Prado Diez, 2011). Esto ayuda mucho a la liberación de los síntomas de estrés, ansiedad y dolor.

Descripción de la técnica

Esta técnica que parece compleja, pero que en realidad es muy sencilla, se puede realizar en sesiones diarias de 5 a 10 minutos de duración, hasta tres veces al día; aunque te aconsejo que primero seas guiado por un profesional o con algún tutorial, para que logres dominarla. Para describir el método, resumo estas recomendaciones de la Universidad de Almería:

Paso 1: Ubícate en un lugar tranquilo y agradable, con las condiciones ambientales adecuadas, luz tenue, sin ruidos u otras perturbaciones. Usa vestimenta cómoda que no sea ajustada. Haz tres respiraciones profundas, inhalando por la nariz y exhalando por la boca.

Paso 2: Asume una postura inicial cómoda, preferiblemente en un sillón o taburete adecuado, donde te puedas sentar con los ojos cerrados. Si usas un asiento sin respaldo, asume la *posición del cochero*, que es aquella donde la persona recostada en el sillón apoya la mitad superior de su cuerpo sobre la región dorsolumbar relajada, en posición de dorso del gato.

Paso 3: Empieza a darte *autoinstrucciones* como «estoy tranquilo», «me encuentro cómodo» (sin cambiar la secuencia de los ejercicios).

Ahora puedes empezar propiamente tus ejercicios, aquí te propongo una presentación modificada para que lo practiques, según sea tu tiempo disponible:

Método con acortamiento de las fórmulas del entrenamiento:

Repite: «el brazo derecho es muy pesado», seis veces.
Repite: «estoy muy tranquilo», una vez.
Repite: «el brazo derecho está muy caliente», seis veces.
Repite: «estoy muy tranquilo», una vez.
Repite: «el pulso es tranquilo y regular», seis veces.
Repite: «estoy muy tranquilo», una vez.
Repite: «respiración muy tranquila», seis veces.
Repite: «estoy respirando», una vez.
Repite: «estoy muy tranquilo», una vez.
Repite: «el plexo solar es como una corriente de calor», seis veces.
Repite: «estoy muy tranquilo», una vez.
Repite: «la frente está agradablemente fresca», seis veces.
Repite: «estoy muy tranquilo», una vez.

Paso 4: Cuando llegues a la última frase, debes terminar la actividad retrocediendo de forma ordenada cada uno de los pasos aquí descritos. Luego estírate, realiza varias respiraciones profundas y finaliza abriendo tus ojos.

b) Técnicas de Relajación Mental

Desde tiempos milenarios las civilizaciones orientales ya practicaban este tipo de relajación para mantener el control entre mente y cuerpo, manteniendo la armonía del ser humano con la naturaleza y su entorno. En la actualidad se han divulgado múltiples enfoques y métodos para su práctica, yo solo voy a mencionar tres: la meditación, la gimnasia mental y los devocionales. Yo no practico la meditación pero si he visto que le funciona a muchas personas; en lo personal, yo hago devocionales que me permiten tener un espacio solamente para mí y con meditación de lecciones puntuales de la Biblia. De todas formas, a continuación voy a explicar ambas.

#3. Meditación

La meditación representa un proceso integral de la conciencia que permite la evolución de la mente y sus funciones, que incluye una pauta de estilos de vida basada en valores espirituales y morales de la persona (Sánchez, 2011). Entre los tipos de meditación más practicados se encuentran el yoga, el taichi, la meditación transcendental, la meditación zen, que proceden de las culturas orientales. Estos tipos de meditación son recomendadas para el control del estrés, de la ansiedad, para mejorar el bienestar psicológico y físico en las personas con enfermedades crónicas, como por ejemplo, en los problemas cardiovasculares; también constituye una herramienta que mejora la concentración y la memoria del individuo, lo cual favorece notablemente su aprendizaje.

Es recomendable que una persona que se quiera iniciar el proceso de meditación, reciba primero una asesoría experta por profesionales en el tema, porque han ocurrido algunos casos donde esta práctica es contraproducente, especialmente si la persona tiene antecedentes de algunas patologías psiquiátricas que la contraindique (es excepcional, pero podría pasar).

#4. Gimnasia mental

La gimnasia mental, como su nombre lo indica, son ejercicios que realizan las personas para mejorar la concentración mental y la creatividad para resolver problemas. Fue creada en la década de los sesenta. Estos ejercicios también pueden usarse para el control del estrés por medio del aprendizaje y creación de nuevas estrategias para el abordaje de los problemas por parte del individuo, quien desarrolla la integración de los *dos hemisferios cerebrales*, ¿recuerdas?, el derecho y el izquierdo, que te mencioné anteriormente. Aquí te voy a describir dos ejercicios de gimnasia mental muy bonitos, recomendados por Espíndola (2019), para que los tomes en cuenta a la hora que tengas que liberar tu estrés y ansiedad acumulados por algo que te ocasiona malestar.

Ejercicio 1: *Sóbate la panza y tócate la cabeza*

¡El reto imposible de nuestra infancia! Como imaginas, consiste en tocarse la cabeza con golpecitos mientras te sobas el estómago. Difícil, ¿no? Debes cambiar la mano con la que haces los movimientos cada 5 segundos y repetir el proceso durante 2 minutos.

Ejercicio 2: ¡Desenfunda, apunta y dispara!

En este ejercicio tienes que formar una pistola con tu mano derecha y una seña que se conoce como *okey* (levantar el pulgar mientras se cierran el resto de los dedos sobre la palma) con la mano izquierda. Ahora cambia y con tu mano derecha haz el okey y la pistola en la izquierda.

Repite el proceso durante 2 minutos, aumentando la velocidad cada 30 segundos. ¡Hazlo lo más rápido que puedas!

#5. Tiempo Devocional

Jesús llego a ser una persona con muchos seguidores en los últimos 3 años de su vida, sin embargo, solía pasar momentos en soledad e intimidad con Dios. Si Él necesitaba pasar tiempo con Dios, con mayor razón nosotros. Los devocionales para mi han sido de gran impacto. Podría decirte que la Biblia es como un amigo, que no siempre te dice las cosas que deseas escuchar, pero que necesitas. Me he visto confrontado e incómodo, pero me ha servido mucho para crecer como ser humano y en varias ocasiones, después de pasar tiempos devocionales he corregido mis actitudes, conductas e incluso reorientado mis estrategias. Para mí el horario ideal es en la mañana, después de hacer algo de ejercicio. No existe una regla sobre la estructura de un devocional pero podría sugerirte lo siguiente:

1. **Orar:** Habla con Dios. La oración devocional puede tener las siguientes partes: a) Comienza agradeciendo todo lo que se te ha permitido tener, incluso la vida. b)

reconoce tus pecados y pide perdón. c) Adora a Dios reconociendo sus características. d) Intercede por las necesidades de otras personas. e) Pide algo para ese día.

2. **Alabanza:** Pon en tu reproductor una canción de alabanza y muévete un poco.

3. **Lectura de Biblia:** Lee pequeños fragmentos para concentrarte en una sola palabra clave de algún versículo o capitulo.

4. **Reflexión y meditación:** Pregúntate qué es lo que Dios quiere decirte con ese pasaje de la biblia que has leído y para qué área de tu vida está dirigido.

5. **Llevar un diario devocional:** Anota o registra aquello que Dios está hablando a tu corazón.

c) Técnicas de Respiración

Cuando desarrollamos síntomas de estrés, empezamos a respirar de forma tan rápida y agitada, que no nos permite llevar suficiente sangre con oxígeno a nuestro cerebro y órganos vitales. Por eso es fundamental que aprendas a respirar profundo y de forma adecuada para garantizarte esta oxigenación, evitando así los mareos, dolores de cabeza y palpitaciones que te podría producir la respiración inadecuada. Existen diversas técnicas de la respiración, yo te recomiendo estos dos tipos:

#5. Respiración profunda

Consiste en meter el aire por la nariz (inhalar), luego llevarlo hasta los bronquios y pulmones, mantenerlo en la parte inferior de los pulmones y luego sacarlo lentamente por la boca (exhalar). La inhalación y exhalación se puede hacer en 5 segundos cada uno. Esta respiración es excelente cuando la persona presenta síntomas de estrés y ansiedad importantes; por ejemplo, antes de presentar una entrevista de trabajo o un examen, o hablar en público.

#6. Respiración abdominal (o diafragmática)

Primero tienes que ponerte en una postura cómoda y en un lugar tranquilo, sin ruidos.

Ahora cierra tus ojos y enfoca tu atención en todo tu organismo y en tu respiración. Toma aire profundamente por la nariz y hazlo llegar al abdomen hasta que este se expanda y aumente su volumen. Expulsa el aire a través de tu nariz mientras vas relajando todo tu cuerpo. Tócate, colocando una mano debajo del ombligo y con la otra toca la parte superior de tu pecho.

Toma aire lentamente por tu nariz y luego expúlsalo por la misma. Siente la sensación fresca y agradable del aire fresco que entra a tu cuerpo y el calor cuando sale. Respira así unas tres veces más, lenta y profundamente, y mantén tu atención en la forma en cómo se infla y desinfla tu abdomen cada vez que respiras.

Repite esto varias veces, para que empieces a sentir los efectos de la relajación en tu cuerpo. Cada paso se puede hacer en 5 segundos.

#7. Respiración Completa

Esta técnica combina la respiración profunda y la abdominal. Primero empieza por expulsar el aire por la boca. Luego mete el aire por la nariz hasta llenar el abdomen, de forma muy lenta y profunda, para luego llenar los pulmones.

Mantén el aire así unos 4 segundos y luego exhala por la boca de forma lenta, primero de los pulmones y después del abdomen.

d) Técnicas de relajación por autocontrol mental

Estas técnicas permiten ejercitar el control de nuestra conducta mediante la adquisición de algunas habilidades. Te voy a dar dos ejemplos:

1. Aprendizaje de un nuevo idioma o realización de nuevos hobbies.

Con el cambio de actividades cotidianas, podemos ser más creativos y dinámicos, esto a la vez potencializa nuestro desarrollo personal generando disciplina.

2. Aprender oratoria.

No todos nacemos con habilidades para expresarnos oralmente, sin embargo, es una habilidad que se puede desarrollar y esto nos permitirá comunicarnos mejor y aumentar más nuestra confianza.

e) Otras Técnicas de Relajación

Son múltiples las técnicas que ponen en funcionamiento nuestro hemisferio derecho de las cuales te menciono algunas:

#8. Relajación Creativa a través de la expresión emotivo-dramática integral

Es un método que permite al individuo alcanzar relajarse a través de la expresión de sus emociones primarias, mediante el uso de gestos y mímica de sonidos y palabras, de dibujos y estados de ánimo (Prado Diez, 2011). En el afrontamiento del estrés es muy importante la expresión de las emociones porque así se pueden drenar todos esos sentimientos, que de alguna u otra forma, siempre van a salir y qué mejor si lo haces de forma creativa. Este tipo de técnicas suelen usarse en las artes escénicas para la relajación del estrés que pueden sufrir los actores y actrices. Entre las principales técnicas de relajación creativa tenemos:

2. Dramatización

Con esta técnica podemos expresar nuestras emociones a través de la representación de alguna escena, usando nuestros gestos, mímicas y expresión corporal. La idea es dejar de ser nosotros y colocarnos en lugar de otros. Aquí te muestro un ejercicio corto, para que lo practiques, preferiblemente en pareja:

#9 El Saludo

Descripción: Aquí la actividad consiste en que dos personas amigas se encuentran después de varios años de distanciamiento, para luego saludarse (con expresión de sorpresa, alegría, de miedo, de odio, de rechazo o indiferencia). Luego se abrazan e identifican, para luego cambiarse los roles, donde cada uno describe cinco cualidades de la otra persona.

Paso 1: Ubíquense en un lugar tranquilo, cómodo, sin ruido, con adecuada temperatura e iluminación, puede ser al aire libre.

Paso 2: Colóquense los dos de espalda, a una distancia de 1 metro, aproximadamente. Cierren los ojos. Respiren profundamente, inhalando y exhalando tres veces, aproximadamente unos 5 minutos. Siéntanse relajados, tranquilos.

Paso 3: Luego, dense la vuelta y mírense bien, fijamente, por 2 minutos. (Cómo lo hacen los personajes de las películas de vaqueros o cowboys, cuando se disparan).

Paso 4: Ahora, caminen acercándose y saludándose así: «¿Hola cómo estás…?», y dices el nombre de la persona (igual que tu compañero) Aquí cada uno hace una expresión facial, como le nazca hacerla (de sorpresa, alegría, de miedo, de odio, de rechazo o indiferencia).

Paso 5: Luego se quedan mirando 2 minutos y se abrazan amigablemente (independientemente de la expresión que haya tenido minutos antes, no importa si fue de odio o rechazo o indiferencia). Permanecen unos 20 segundos así.

Paso 6: Caminen hasta colocarse nuevamente a una distancia de 1 metro, se dan la vuelta otra vez y cierran los ojos. Ahora cada uno se va a presentar, diciendo: «me llamo tal nombre, tengo tantos años, de estado civil casado o soltero, tengo o no tengo tantos hijos. Trabajo en tal sitio. Me gusta o no me gusta mi trabajo y lo que hago en el mismo. Me gustan tales hobbies o me gusta hacer en mi tiempo libre tal actividad. Considero que mi misión en la vida es... Me considero una persona feliz o infeliz (explicar el motivo)». Duración aproximada de 10 minutos por persona.

Paso 6: Ahora caminen y cambien de lugar, es decir, cada uno toma la posición del otro.

Paso 7: Respiren profundo (unas tres veces), cada uno se va a presentar, diciendo lo que dijo el otro compañero. Es decir, asumir el rol de la otra persona. Duración de 10 minutos para cada persona.

Paso 8: Cuando vaya a finalizar, cada persona tiene que hacer un comentario personal desde su punto de vista sobre el otro compañero. Por ejemplo: «Me parece que María es una persona maravillosa como ser humano, madre y profesional. Es muy organizada, alegre, colaboradora. Todos la admiramos y respetamos mucho».

Paso 9: Al finalizar, caminar hasta encontrase y darse un fuerte abrazo por 2 minutos. Concluir con aplausos.

#10. Coloreando una mandala floral

Descripción

En este ejercicio vas a meditar y soltar tu imaginación usando los colores que más te llamen la atención. Aquí vamos a utilizar una imagen de un libro ya hecha.

Paso 1: Ubícate en un lugar tranquilo, cómodo, con adecuada temperatura e iluminación, puede ser al aire libre. Puedes usar incienso para estimular el olfato y colocar una música suave de fondo para estimular el oído. Busca crayones u otro material para colorear como rotuladores, acuarelas, lo que prefieras, y la plantilla con el dibujo o libro para colorear. Aquí tienes una imagen de plantilla para que te guíes:

Paso 2: Respira profundo, inhalando por la nariz y exhalando por la boca, hazlo tres veces antes de empezar a colorear tu mandala y concéntrate muy bien. Escoge los colores que más te llaman la atención.

Paso 3: Empieza a colorear el dibujo desde afuera hacia adentro. Ve pensando qué significa para ti cada color que escogiste y qué relación tiene ese color contigo o con tu cuerpo. También, puedes interpretar cada figura y pensar qué significado tiene para ti y qué es lo que te aporta.

Paso 4: Al terminar de colorear, escribe detrás del dibujo la interpretación de lo que significa cada color que usaste, asígnale un número a cada color, según lo que tú creas que es, colócale un nombre a la mandala terminada que te recuerde alguna imagen de paz y armonía para tu vida.

Paso 5: Respira profundo y siente la paz y armonía que te transmite cada color y forma de la mandala.

#11. Escribiendo una carta de liberación

Se han realizado diversas investigaciones en personas con enfermedades crónicas, como por ejemplo, VIH y cáncer, revelando que la escritura resultó una excelente herramienta terapéutica para el afrontamiento y liberación de emociones desagradables, entre ellas la ansiedad y el estrés. Como ejercicio te propongo lo siguiente.

Descripción: Este ejercicio es muy sencillo, se trata de escribir una carta imaginaria a alguna persona con la cual has tenido algún problema personal o laboral, inclusive, puede ser una amistad o examistad, un familiar o un compañero de trabajo, una expareja, etcétera.

Paso 1: Respira profundo, inhala profundamente por tus fosas nasales y expulsa el aire a través de tu boca, unas tres veces. Empieza a escribir la carta, anotando primero el nombre de la persona a quien la diriges, seguido de un saludo cordial.

Paso 2: Escribe el motivo por el cual le escribes a esa

persona (por ejemplo, para aclarar un malentendido, pedir disculpas, entre otros). En seguida, vas a explicar los motivos por los cuales ocurrió el malentendido, desavenencia o conflicto por parte tuya.

Paso 3: Explica el por qué no quisiste que se produjera ese problema entre esa persona y tú.

Paso 4: Explica cuáles eran tus intenciones en ese momento cuando discutieron o se pelearon y cuáles son tus intenciones ahora en cuanto a esa persona.

Paso 5: Si sientes que tienes que pedir perdón o disculpas, puedes hacerlo al final de la carta.

Paso 6: Al final de la carta, despídete afectuosamente y firma con tu nombre. Luego quema la carta en un lugar seguro, que no represente peligro de incendio, puede ser en un patio, en un terreno, dentro de un recipiente metálico cerrado. Respira profundo al final y reflexiona.

4.5. Conclusión

El afrontamiento positivo de nuestros problemas no es nada fácil, es más cómodo esperar o escapar, sin embargo, esto no resuelve de por sí nuestras preocupaciones. Nuestra capacidad, por ejemplo de afrontar discusiones difíciles, determinará nuestro éxito en cualquier ámbito. Si se presenta alguna dificultad debemos desarrollar nuestra capacidad de adaptación y toma de decisiones de forma rápida, lo que nos hará más resilientes. Si siempre tienes un plan B para cada situación, estarás preparado de antemano para cuando se te presente una dificultad en vez de sentir frustración y bloqueo.

Poseemos un cerebro compuesto por dos hemisferios cerebrales, derecho e izquierdo, que más que antagónicos, son complementarios, al determinar nuestra forma de pensar, de analizar, de crear, de imaginar, de ver los colores, sentir los olores, entre otras capacidades que nos permiten superar todas nuestras tareas. Trata de combinar tanto tu lado lógico como tu lado creativo en cada tarea que tengas que realizar. ¿Crees que podrías volver divertida alguna actividad que te resulta aburrida y automática? ¡Inténtalo y nota los resultados!

Finalmente, mucho del estrés negativo que sufrimos se debe a nuestros deficientes estilos de vida, que hemos desarrollado sin ser consciente de ello. Comprende un desafío enorme tratar de cambiar nuestros estilos de vida porque los aprendimos, ya sea en nuestra familia, de nuestros compañeros de universidad, trabajo, vecindario, cultura, etcétera; sin embargo, podemos modificar nuestros hábitos y estilos de vida poco saludables tomando decisiones radicales. Tendrás que sacrificar cosas que te provocaban placer, pero, de hecho, te darás cuenta que solo te ayudaban a escapar de la realidad; una que tarde o temprano tendrías que afrontar. Pero si afrontas tu realidad y aquellas cosas que te causan preocupación, comenzarás a tener más control de tu propia vida y de las cosas que te puedan suceder en el futuro en cada área de tu vida.

Agradecimientos

Gracias por haber adquirido el libro. Estoy deseoso de saber qué es lo que te ha parecido. Ayúdame con una reseña. También puedes escribirme a mi correo electrónico gutherben30@gmail.com.

Mi siguiente libro ya está a la venta:

Bibliografía

Alvaro, T. (2021). *Hola, soy tu sistema inmune.* Consultado el 6 de mayo de 2021. https://pacotraver.wordpress.com/hola-soy-tu-sistema-inmune/

Banco Mundial. (2015, 28 de diciembre*).* *El estrés, aliado de la pobreza de Latinoamérica.* Consultado el 6 de mayo de 2021. https://www.bancomundial.org/es/news/feature/2015/12/28/el-estres-aliado-de-la-pobreza-de-latinoamerica

Balluerka Lasa, N., Gómez Benito, J., Hidalgo Montesinos, M., Gorostiaga Manterola, A., Espada Sánchez, J., Padilla García, J., et al. (2020). *Las consecuencias psicológicas de la COVID-19 y el confinamiento. Informe de investigación.* Servicio de Publicaciones de la Universidad del País Vasco Euskal Herriko Unibertsitateko Argitalpen Zerbitzua. https://www.ub.edu/web/ub/ca/menu_eines/noticies/docs/Consecuencias_psicologicas_COVID-19.pdf#page=131&zoom=100,0,0

Barattucci, Y. (2011). *Estrés y Alimentación.* [Tesis de grado para Licenciatura en Nutrición].Universidad de Fasta, Mar de Plata, Argentina. http://redi.ufasta.edu.ar

Bedoya Dorado, C. & Velásquez Fernández, A. (2014*).* *Análisis de la incidencia del miedo en la organización desde la perspectiva psicobiológica.* Revista Colombiana de Psicología, 23(2), 351-362. https://doi:

10.15446/rcp.v23n2.38635

Becerra-García, A., Madalena A., Estanislau, C., Rodríguez-Rico, J., y Dias, H. (2007). Ansiedad y Miedo: Su Valor Adaptativo y Maladaptaciones. *Revista Latinoamericana de Psicología*, 39 (1), 75-81. https://www.redalyc.org/articulo.oa?id=805/805 39107

Botero, J., y Páez, E. (2013). *Caminos para la Resiliencia.* Boletin Informativo, 3,1-4. http://www.udea.edu.co/wps/wcm/connect/ud ea/8053e5b2-7d04-4997-9dc0 4dcada70658f/BoletA%CC%83%C2%ADn+2_Co ncepto+de+Resiliencia.pdf?MOD=AJPERES

Bradley, M. M. (2000). *Emotion and motivation.* En J. T. Cacioppo, L. G. Tassinary y G. G. Berntson (Eds.) (2000). Handbook of psychophysiology. New York: Cambridge University Press.

Casa África. Ministerio de Asuntos Exteriores y de Cooperación de España. *El Mandela más pragmático, según Stengel.* http://www.casafrica.es/Biografia_Mandela.jsp

Correa Jáuregui, M. (2015). *Mitología, mito y psiquiatría.* Revista del Hospital Psiquiátrico de La Habana, 12(3) ,1-9. http://www.revistahph.sld.cu/2015/Nro%201/mitologi a%20mito.html

Correché, M., Mabel Labiano, L. (2003). *Aplicación de técnicas psicoterapéuticas a un grupo de estudiantes con síntomas de estrés.* Fundamentos en humanidades. 2003, IV (7-8),

129-147 (Fecha de consulta: 23 de mayo de 2020). https://www.redaluc.org/articulo.oa?id=1840080 7

Cuba-Fuentes, M., Contreras Samamé, J., Ravello Ríos, P., Castillo Narro, M., y Coayla Flores, S. (2016). *La medicina centrada en el paciente como método clínico*. Rev Med Hered, 27:50-59. http://www.scielo.org.pe/pdf/rmh/v27n1/a09v2 7n1.pdf

De Bono, E. (1985): *Seis Sombreros Para Pensar*. Ediciones Juan Granica 1988, España. https://www.ues.mx/movilidad/Docs/Movilida dAcademica/LIBRO_Seis_Sombreos_Para_Pens ar.pdf

Duval, F., González, F., & Rabia, H. (2010). *Neurobiología del estrés*. Revista chilena de neuropsiquiatría, 48(4), 307-318. https://dx.doi.org/10.4067/S0717-92272010000500006

Feo Azevedo, C..., y Feo Iztúriz, O. (2013). *Impacto de los medios de comunicación en la salud pública*. Saúde em Debate Rio de Janeiro, 37(96,), 84-95.

Fínez Silva, M., García Montero, A. (2012). *Relación entre la resiliencia personal y las estrategias de afrontamiento en estudiantes*. International Journal of Developmental and Educational Psychology INFAD *Revista de Psicología*, (1):4,111-116. https://www.redalyc.org/pdf/3498/349832337012 .pdf

Gómez G, B. Escobar A. (2006). *Estrés y Sistema inmune.* Revista Mejicana de Neurocirugía. 7(1): 30-38. https://www.medigraphic.com/cgi-bin/new/resumen.cgi?IDARTICULO=13986

Gómez Ayala, A. (2012). Trastornos de ansiedad. Agorafobia y crisis de pánico. Farmacia Profesional, 26(6), 32-39. https://www.elsevier.es/es-revista-farmacia-profesional-3-articulo-trastornos-ansiedad-agorafobia-crisis-panico-X0213932412678054

González-Méndez de, T. (2009). *Psiconeuroinmunologia, emociones y enfermedad.* Med ULA 18, 155-164. http://www.saber.ula.ve/bitstream/handle/123456789/30697/articulo15.pdf?sequence=2&isAllowed=y

Horesh, D., y Brown, AD. (2020). *Traumatic Stress in the Age of COVID-19: A Call to Close Critical*
Gaps and Adapt to New Realities. Psychological Trauma: Theory, Research, Practice, and Policy, 12(4), 331–335. http://dx.doi.org/10.1037/tra0000592

Iáñez Pareja, E. (1999). *Curso de Inmunología General.* Universidad de Granada, España. http://www.ugr.es/~eianez/inmuno/cap_03.htm

Junta de Andalucía. Anexo 11 de la publicación *"Promoción de la Salud en Personas con Trastorno Mental Grave. Análisis de situación y Recomendaciones sobre Alimentación Equilibrada y Actividad Física"* Junta de Andalucía. Consejería de Salud. 2011.

https://equipotecnicoorientaciongranada.files.w
ordpress.com/2016/11/anexo-11-relajacic3b3n-
muscular-progresiva.pdf

López R, Daniel. [TEDxTalks] 28 Julio 2016. *Meditación y estrés.*
https://www.youtube.com/watch?v=Vg5sfCX8B
8I

Macías, M., Madariaga Orozco, C., Valle Amarís, M., & Zambrano, J. (2013). *Estrategias de afrontamiento individual y familiar frente a situaciones de estrés psicológico.* Psicología desde el Caribe, 30(1) ,123-145.
https://www.redalyc.org/articulo.oa?

Mata Jiménez, L. (1994*). Inmunidad en el ser humano: sinopsis del conocimiento moderno.* Universidad de Costa Rica.
http://www.kerwa.ucr.ac.cr/bitstream/handle/1
0669/15169/13%20INMUNIDAD%20EN

McEwen, B.S. (2005). *Stressed or stressed out: what is the diffeerence?* J Psychiatry Neurosci, 30(5): p. 315-8.
https://www.ncbi.nlm.nih.gov/pmc/articles/PM
C1197275/

Méndez, D., Padilla, P., Lanza, S. (2020). *Recomendaciones alimentarias y nutricionales para la buena salud durante el COVID-19.* INNOVARE Revista De Ciencia y Tecnología, 9 (1), 55-57.

Mestres, F.; Vives-Rego, J. (2014). *Reflexiones sobre el miedo en el siglo XXI: filosofía, política, genética y evolución.* Arbor, 190 (769):   a172.   doi:
http://dx.doi.org/10.3989/arbor.2014.769n5011

Moscoso M. (2009). *De la mente a la célula: impacto del estrés en Psiconeuroinmunoendocrinología.* LIBERABIT: Lima (Perú) 15(2): 143-152. http://www.scielo.org.pe/scielo.php?script=sci_arttext&pid=S1729-48272009000200008&lng=es&tlng=es.

Nardone, G. (2012): *No hay noche que no vea el día. Terapia breve para los ataques de pánico.* Herder Editorial, S.L., Barcelona, España.

Ordoñez, L. (2006). La Globalización del Miedo. Revista de Estudios Sociales, 25, 95-103. http://www.scielo.org.co/pdf/res/n25/n25a13.pdf

Organización Mundial de la Salud (OMS). (2017,09 de octubre). *La salud mental en el lugar de trabajo.* https://www.who.int/mental_health/es/

Pérez de Alejo Rodríguez, L., Moré Chang, C., González Álvarez, Y., & Alemán Zamora, A. (2019). *La Psiconeuroendocrinoinmunología: reclamo de una visión integral en los estudios médicos.* EDUMECENTRO, 11(3), 254-261. http://scielo.sld.cu/scielo.php?script=sci_arttext&pid=S207728742019000300254&lng=es&tlng=es.

Pérez Grande, M. (2000). *El miedo y sus trastornos en la infancia.* Prevención e Intervención Educativa. 12, 123-144. https://revistas.usal.es/index.php/0214-3402/article/view/3564/0

Pincheira Torres, I. (2010). *Corey Robin, El miedo. Historia de una idea política,* Traducción: Guillermina Cuevas Mesa, Fondo de Cultura Económica, México, 2009, 499 p. », Polis [En línea], 25 | 2010, Publicado el 09 febrero 2011, consultado el 28 mayo 2020. http://journals.openedition.org/polis/266

Piqueras Rodríguez JA et al. (2009*). Emociones* negativas y su impacto en la salud mental y física. *Suma Psicológica,* 16(2):85-112. https://www.redalyc.org/pdf/1342/134213131007.pdf

Piña-Ferrer, L. (2020). *Revista Arbitrada Interdisciplinaria de Ciencias de la Salud.* Salud y Vida, 4(7), 188-199. http://dx.doi.org/10.35381/s.v.v4i7.670

Prado diez, D. (2011). *La relajación creativa integral. Principios y técnicas.* EDUCREATE. Santiago de Compostela. http://educreate.iacat.com/biblioteca.html)

Robin, C. (2009). *El miedo, Historia de una idea política.* México D.F: Fondo de Cultura Económica. https://ciencia.lasalle.edu.co/cgi/viewcontent.cgi?article=1066&context=filosofia_letras

Rodríguez, T., García Rodríguez, C., Cruz Pérez, R. *Técnicas de relajación y autocontrol emocional.* Medisur [en línea]. 2005, 3(3), 55-70 [Fecha de consulta 23 de mayo de 2020]. https://www.redaluc.org/articulo.oa?id=1800197 87003

Sánchez Gutiérrez, G. (2011). *Meditación, mindfulness y sus efectos biopsicosociales. Revisión de literatura.* Revista

Electrónica de Psicología Iztacala., 14, (2), 223-254. http://www.revistas.unam.mx/index.php/repi

Sierra, J., Ortega, V., & Zubeidat, I. (2003). *Ansiedad, angustia y estrés: tres conceptos a diferenciar.* Revista Mal Estar e Subjetividade, *3*(1), 10-59. Consultado el 25 de mayo de 2020. http://pepsic.bvsalud.org/scielo.php?script=sci_arttext&pid=S1518-61482003000100002&lng=pt&tlng=es.

Sprang, G., y Silman, M. (2013). *Posttraumatic stress disorder in parents and youth after health-related disasters.* Disaster Medicine and Public Health Preparedness, 7(1), 105-110. doi:10.1017/dmp.2013.22.

Stewart, M., Belle, J, Wayne, W., et al. (2014). *Patient – centered medicine: Transforming the clinical method. 3era Edición.* New York: Radcliffe Publishing; 2014. p. 37, 107-141, 328-330, 346-351.

Torrades, S. Estrés y Burn Out. *Definición y prevención.* Offarm, 26(10): 104-107.

Valdez Medina, J., López Romero, I., Torres Aristeo, O., Piña Monroy, M., González Arratia, N., López Fuentes y Maya Martínez, M. (2010). *Los tipos de miedo prevalentes por generación y por sexo.* Revista Electrónica de Psicología Iztacala, 13 (4), 163-182. htpps://www.iztacala.unam.mx/carreras/psicologia/psiclin

Van Doremalen, N., Bushmaker, T., Morris, DH. , Holbrook MG., Gamble, A., Williamson, BN., et al. (2020).

Aerosol and Surface Stability of SARS-CoV-2 as Compared with SARS-CoV-1. N Engl J Med. 16 de 2020; 382(16):1564-7

Vásquez-Dextre, E. (2016). *Mindfulness: Conceptos generales, psicoterapia y aplicaciones clínicas*. Rev Neuropsiquiatr 79 (1), 2016.

Wang, C., Pan, R., Wan, X., Tan, Y., Xu, L., Ho, C. S. y Ho, R. C. (2020). *Immediate psychological responses and associated factors during the initial stage of the 2019 Coronavirus disease (COVID-19) epidemic among the general population in China*. International Journal of Environmental Research and Public Health, 17(5), 1729. Doi: 10.3390/ijerph17051729

World health Organization.(2020) *Report of the WHO-China Joint Mission on Coronavirus Disease 2019 (COVID-19)* https://www.who.int/docs/defaultsource/coronaviruse/who-china-joint-mission-on-covid-19-final-report.pdf